쓰기가 문해력이다

5단계

초등 5 ~ 6학년 권장

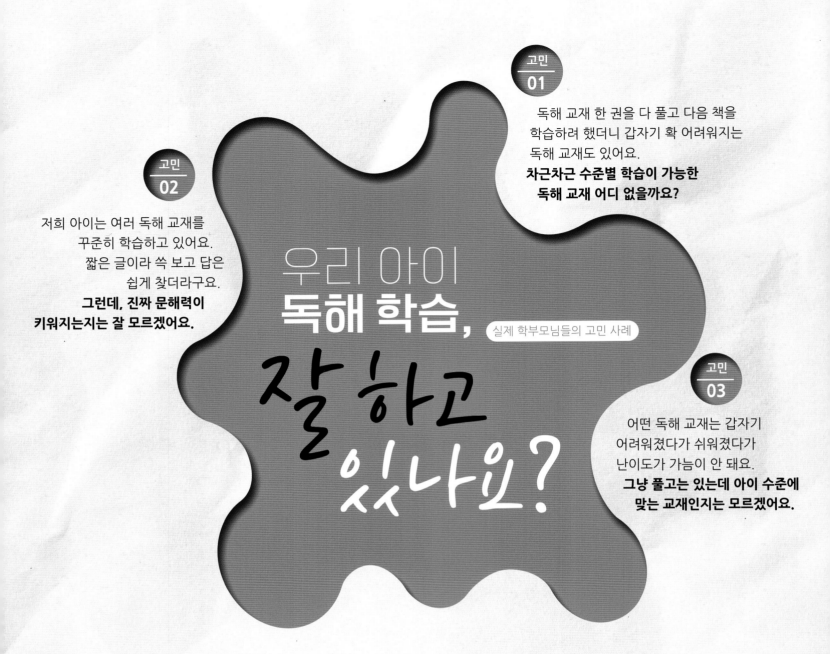

고민 01

독해 교재 한 권을 다 풀고 다음 책을 학습하려 했더니 갑자기 확 어려워지는 독해 교재도 있어요. **차근차근 수준별 학습이 가능한 독해 교재 어디 없을까요?**

고민 02

저희 아이는 여러 독해 교재를 꾸준히 학습하고 있어요. 짧은 글이라 쓱 보고 답은 쉽게 찾더라구요. **그런데, 진짜 문해력이 키워지는지는 잘 모르겠어요.**

우리 아이 독해 학습, *잘 하고 있나요?*

실제 학부모님들의 고민 사례

고민 03

어떤 독해 교재는 갑자기 어려워졌다가 쉬워졌다가 난이도가 가늠이 안 돼요. **그냥 풀고는 있는데 아이 수준에 맞는 교재인지는 모르겠어요.**

국어 독해, 이제 특허받은 ERI로 해결하세요!

EBS·전국 문해력 전문가·이화여대 산학협력단이 공동 개발한 과학적 독해 지수 'ERI 지수' 최초 적용! 진짜 수준별 독해 학습을 만나 보세요.

* ERI(EBS Reading Index) 지수는 글의 수준을 체계화한 수치로, 글의 난이도를 낱말, 문장, 배경지식 수준에 따라 산출하였습니다.

당신의 문해력

ERI 독해가 문해력 이다

3단계 기본/심화
초등 3~4학년 권장

4단계 기본/심화
초등 4~5학년 권장

5단계 기본/심화
초등 5~6학년 권장

6단계 기본/심화
초등 6학년~
중학 1학년 권장

7단계 기본/심화
중학 1~2학년 권장

쓰기가 문해력 이다

5단계

초등 5 ~ 6학년 권장

자신의 생각을 글로 표현하지 못하는 우리 아이?
평생을 살아가는 힘, '문해력'을 키워 주세요!

'쓰기가 문해력이다'

쓰기 학습으로 문해력 키우기

1 읽고 말한 내용을 글로 표현하는 쓰기 학습이 가능합니다.

단순히 많은 글을 읽고 문제를 푸는 것만으로는 쓰기 능력이 늘지 않습니다.
머릿속에 있는 어휘 능력, 독해 능력을 활용하여 내 생각을 글로 표현할 수 있도록
'생각 모으기 → 생각 정리하기 → 글로 써 보기'로 구성하였습니다.

2 대상 학년에 맞게 수준에 맞춰 단계별로 구성하였습니다.

학년별 수준에 따라 체계적인 글쓰기 학습이 가능하도록 저학년 대상 낱말 쓰기 단계부터 고학년 대상 한 편의 글쓰기 단계까지
수준별 글쓰기에 맞춰 '낱말 → 어구 → 문장 → 문단 → 글'의 단계별로 구성하였습니다.

3 단계별 5회×4주 학습으로 부담 없이 다양한 글쓰기 훈련이 가능합니다.

1주 5회의 학습 분량으로 글쓰기에 대한 부담 없이 학습할 수 있도록 커리큘럼을 세분화해서 회별 집중 글쓰기
학습이 되도록 구성하였습니다.
글 쓰는 방법을 자연스럽게 익힐 수 있도록 '어떻게 쓸까요'에서 따라 쓰면서 배운 내용을 '이렇게 써 봐요'에서
직접 써 보면서 글쓰기 방법을 익히도록 구성하였습니다.

4 글의 종류에 따른 구성 요소를 한눈에 알아보도록 디자인화해서 체계적인 글쓰기 학습이 가능합니다.

글의 종류에 따라 글의 구조에 맞게 디자인 구성을 달리하여 시각적으로도 글의 구성을 한눈에 파악할 수 있도록
하여 글쓰기를 쉽고 재미있게 학습하도록 구성하였습니다.

5 상황에 맞는 어휘 활용으로 글쓰기 능력을 향상시킬 수 있습니다.

글쓰기에 필요한 기본 어휘 활용 능력을 향상시킬 수 있도록 부록 구성을 하였습니다.
단계별로 낱말카드, 반대말, 틀리기 쉬운 말, 순우리말, 동음이의어, 속담. 관용표현, 사자성어 등을 상황 설명과
함께 삽화로 구성하여 글쓰기 능력의 깊이와 넓이를 동시에 키워 줍니다.

EBS 〈당신의 문해력〉 교재 시리즈는 약속합니다.

교과서를 잘 읽고 더 나아가 많은 책과 온갖 글을 읽는 능력을 갖출 수 있도록
문해력을 이루는 핵심 분야별, 학습 단계별 교재를 준비하였습니다.
한 권 5회×4주 학습으로 아이의 공부하는 힘, 평생을 살아가는 힘을 EBS와 함께 키울 수 있습니다.

어휘가 문해력이다

어휘 실력이 교과서를 읽고 이해할 수 있는지를 결정하는 척도입니다.
〈어휘가 문해력이다〉는 교과서 진도를 나가기 전에 꼭 예습해야 하는 교재입니다.
20일이면 한 학기 교과서 필수 어휘를 완성할 수 있습니다.
교과서 수록 필수 어휘들을 교과서 진도에 맞춰
날짜별, 과목별로 공부하세요.

쓰기가 문해력이다

쓰기는 자기 생각을 표현하는 미래 역량입니다.
서술형, 논술형 평가의 비중은 점점 커지고 있습니다.
객관식과 단답형만으로는 아이들의 생각과 미래를 살펴볼 수 없기 때문입니다.
막막한 쓰기 공부. 이제 단어와 문장부터 하나씩 써 보며 차근차근 학습하는
〈쓰기가 문해력이다〉와 함께 쓰기 지구력을 키워 보세요.

ERI 독해가 문해력이다

독해를 잘하려면 체계적이고 객관적인 단계별 공부가 필수입니다.
기계적으로 읽고 문제만 푸는 독해 학습은 체격만 키우고 체력은 미달인 아이를 만듭니다.
〈ERI 독해가 문해력이다〉는 특허받은 독해 지수 산출 프로그램을 적용하여 글의 난이도를
체계화하였습니다.
단어 · 문장 · 배경지식 수준에 따라 설계된 단계별 독해 학습을 시작하세요.

배경지식이 문해력이다

배경지식은 문해력의 중요한 뿌리입니다.
하루 두 장, 교과서의 핵심 개념을 글과 재미있는 삽화로 익히고 한눈에 정리할 수 있습니다.
시간이 부족하여 다양한 책을 읽지 못하더라도 교과서의 중요 지식만큼은 놓치지 않도록
〈배경지식이 문해력이다〉로 학습하세요.

디지털독해가 문해력이다

디지털독해력은 다양한 디지털 매체 속 정보를 읽어 내는 힘입니다.
아이들이 접하는 디지털 매체는 매일 수많은 정보를 만들어 내기 때문에
디지털 매체의 정보를 판단하는 문해력은 현대 사회의 필수 능력입니다.
〈디지털독해가 문해력이다〉로 교과서 내용을 중심으로 디지털 매체 속 정보를 확인하고
다양한 과제를 해결해 보세요.

쓰기가 문해력이다로
자신 있게 내 생각을 표현하도록 쓰기 능력을 키워 주세요!

〈쓰기가 문해력이다〉는 글쓰기 능력을 향상시킬 수 있는 단계별 글쓰기 교재로, 학습자들에게 글쓰기가 어렵지 않다는 인식이 생기도록 체계적으로 글쓰기 학습을 유도합니다.

"맞춤법에 맞는 낱말 쓰기 연습이 필요해요."
"쉽고 재미있게 써 보는 교재가 좋아요."
"완성된 문장을 쓸 수 있는 비법을 알았으면 좋겠어요."
"생각을 표현하는 데 도움이 되는 글쓰기 교재가 필요해요."
"한 편의 완성된 글쓰기를 체계적으로 쓸 수 있는 교재면 좋겠어요."
"글의 종류에 따른 특징을 알고 쓰는 방법을 익힐 수 있는 교재가 필요해요."

P단계
- 1주차 자음자와 모음자가 만나 만든 글자
- 2주차 받침이 없거나 쉬운 받침이 있는 낱말
- 3주차 받침이 있는 낱말과 두 낱말을 합하여 만든 낱말
- 4주차 주제별 관련 낱말

1단계
- 1주차 내가 자주 사용하는 낱말 1
- 2주차 내가 자주 사용하는 낱말 2
- 3주차 헷갈리는 낱말과 꾸며 주는 낱말
- 4주차 바르게 써야 하는 낱말

2단계
- 1주차 간단한 문장
- 2주차 자세히 꾸며 쓴 문장
- 3주차 소개하는 글과 그림일기
- 4주차 다양한 종류의 쪽지글

3단계
- 1주차 다양하게 표현한 문장
- 2주차 사실과 생각을 표현한 문장
- 3주차 다양한 종류의 편지글
- 4주차 다양한 형식의 독서 카드

P~1 단계

**기초 어휘력
다지기 단계**

낱말 중심의
글씨 쓰기 도전

2~3 단계

**문장력, 문단 구성력
학습 단계**

문장에서 문단으로
글쓰기 실전 도전

4~7 단계

**글쓰기 능력
향상 단계**

글의 구조에 맞춰
글쓰기 도전

4 단계

1주차	생활문
2주차	독서 감상문
3주차	설명문
4주차	생활 속 다양한 종류의 글

5 단계

1주차	다양한 종류의 글 1
2주차	다양한 종류의 글 2
3주차	의견을 나타내는 글
4주차	형식을 바꾸어 쓴 글

6 단계

1주차	대상에 알맞은 방법으로 쓴 설명문
2주차	다양한 형식의 문학적인 글
3주차	매체를 활용한 글
4주차	주장이 담긴 글

7 단계

1주차	논설문
2주차	발표문
3주차	다양한 형식의 자서전
4주차	다양한 형식의 독후감

이책의 구성과 특징

무엇을 쓸까요

주차별 **학습 내용**을 한눈에 볼 수 있도록 학습 내용을 알아보기 쉽게 그림과 함께 꾸몄습니다.
1주 동안 배울 내용을 삽화와 글로 표현하여 학습 내용에 대해 미리 엿볼 수 있도록 하였습니다.

어떻게 쓸까요

글쓰기의 방법을 알려 주는 단계로, 글의 구조에 맞게 완성된 한 편의 **글을 쓰는 과정**을 보여 줍니다. 글쓰기의 예로 든 글을 부분부분 따라 써 보면서 글쓰기의 방법을 자연스럽게 익혀 보는 코너입니다.

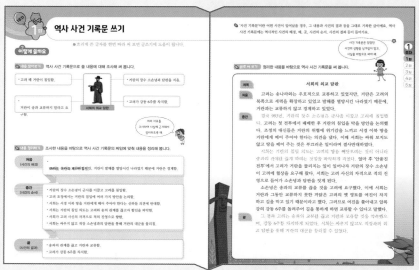

이렇게 써 봐요

'어떻게 쓸까요'에서 배운 글쓰기 단계에 맞춰 **나의 글쓰기**를 본격적으로 해 보는 **직접 쓰기 단계**입니다.
'어떻게 쓸까요'에서 배운 글쓰기 과정과 동일한 디자인으로 구성하여 나만의 글쓰기 한 편을 부담 없이 완성해 볼 수 있도록 하였습니다.

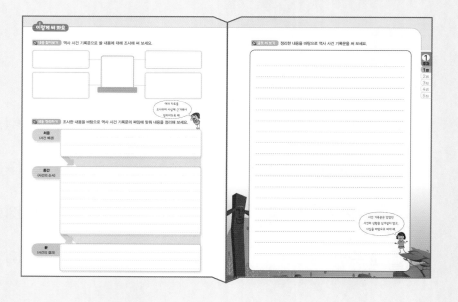

아하~ 알았어요

1주 동안 배운 내용을 문제 형식으로 풀어 보도록 구성한 **확인 학습 코너**입니다. 내용에 맞는 다양한 형식으로 제시하여 부담 없이 문제를 풀어 보도록 구성하였습니다.

참 잘했어요

1주 동안 배운 내용과 연계해서 **놀이 형식**으로 꾸민 코너입니다. **창의. 융합 교육을 활용**한 놀이마당 형식으로, 그림을 활용하고 퀴즈 등 다양한 형식으로 구성하여 재미있고 즐거운 마무리 학습이 되도록 하였습니다.

더 알아 두면
좋은 내용이라서 글쓰기에
도움을 주는구나!

혼자서도 자신 있게
한 편의 글을 완성할 수 있다는
것을 알게 해 주네!

부록

각 단계별로 본 책과 연계하여 **더 알아 두면 유익한 내용**을 삽화와 함께 구성하였습니다.

정답과 해설

'이렇게 써 봐요' 단계의 예시 답안을 실어 주어 '어떻게 쓸까요'와 함께 다시 한번 완성된 글들을 읽어 봄으로써 **반복 학습 효과**가 나도록 하였습니다.

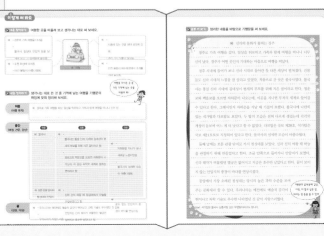

이 책의 차례

3주차

의견을 나타내는 글

4주차

형식을 바꾸어 쓴 글

1주차

다양한 종류의 글 1

무엇을 쓸까요

어린 왕자와 비행사가 만났어요. 둘은 서로에게 **여행 이야기**를 들려줄 거 같네요.
만약에 어린 왕자와 비행사가 자신이 가 봤던 곳에 대해 **기행문**을 쓰거나 **광고문**을
쓴다면 뭐라고 쓸까요?
다양한 종류의 글은 어떻게 쓰는 건지 살짝 알려 줄까요?

역사 사건 기록문 쓰기

🌸흐리게 쓴 글자를 한번 따라 써 보면 글쓰기에 도움이 됩니다.

어떻게 쓸까요

📝 내용 찾아보기 역사 사건 기록문으로 쓸 내용에 대해 조사해 써 봅니다.

• 고려 때 거란이 침입함.

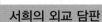
서희의 외교 담판

• 거란의 장수 소손녕과 담판을 지음.

• 거란이 송과 교류하지 말라고 요구함.

• 고려가 강동 6주를 차지함.

> 여러 자료를 조사하여 사실에 근거해서 정리하도록 해.

📝 내용 정리하기 조사한 내용을 바탕으로 역사 사건 기록문의 짜임에 맞춰 내용을 정리해 봅니다.

처음 (사건의 배경)	• 고려는 송과는 교류하였지만, 거란이 발해를 멸망시킨 나라였기 때문에 거란은 경계함. • 993년, 거란의 제1차 침입.

중간 (사건의 순서)	• 거란의 장수 소손녕이 군사를 이끌고 고려를 침입함. • 고려 조정에서는 거란의 침입에 여러 가지 방안을 논의함. • 서희는 서경 이북 땅을 거란에게 떼어 주어야 한다는 신하들 의견에 반대함. • 서희는 거란의 침입 의도는 고려와 송의 관계를 끊고자 함임을 파악함. • 서희가 고려 사신의 자격으로 적의 진영으로 향함. • 서희는 싸우지 않고 적장 소손녕과의 담판을 통해 거란의 대군을 물리침.

끝 (사건의 결과)	• 송과의 관계를 끊고 거란과 교류함. • 고려가 강동 6주를 차지함.

'사건 기록문'이란 어떤 사건이 일어났을 경우, 그 내용과 사건의 결과 등을 그대로 기록한 글이에요. 역사 사건 기록문에는 역사적인 사건의 배경, 때, 곳, 사건의 순서, 사건의 결과 등이 들어가요.

사건 기록문은 있었던 사건의 상황을 넘겨짚지 말고, 사실을 바탕으로 써야 해.

글로 써 보기 정리한 내용을 바탕으로 역사 사건 기록문을 써 봅니다.

제목

서희의 외교 담판

처음 고려는 송나라와는 우호적으로 교류하고 있었지만, 거란은 고려의 북쪽으로 세력을 확장하고 있었고 발해를 멸망시킨 나라였기 때문에, 거란과는 교류하지 않고 경계하고 있었다.

중간 결국 993년, 거란의 장수 소손녕은 군사를 이끌고 고려에 침입했다. 고려는 첫 전투에서 패배한 후 거란의 침입을 막을 방안을 논의했다. 조정의 대신들은 거란의 위협에 위기감을 느끼고 서경 이북 땅을 거란에게 떼어 주어야 한다는 의견을 냈다. 이때 서희는 싸워 보지도 않고 땅을 떼어 주는 것은 부끄러운 일이라며 결사반대하였다.

서희는 거란의 침입 의도는 고려의 땅을 빼앗으려는 것이 아니라 송과의 관계를 끊게 하려는 것임을 파악하게 되었다. 얼마 후 '안융진 전투'에서 고려가 거란을 물리치는 일이 일어나자 거란의 장수 소손녕이 고려에 협상을 요구해 왔다. 서희는 고려 사신의 자격으로 적의 진영으로 들어가 소손녕과 담판을 짓게 된다.

소손녕은 송과의 교류를 끊을 것을 고려에 요구했다. 이에 서희는 거란과 그동안 교류하지 못한 까닭은 고려의 옛 영토를 여진이 차지하고 길을 막고 있기 때문이라고 했다. 그러므로 여진을 쫓아내고 압록강의 강동 6주를 돌려주어 길을 통하게 하면 교류할 수 있다고 말했다.

끝 그 결과 고려는 송과의 교류를 끊고 거란과 교류할 것을 약속했으며, 강동 6주를 차지하게 되었다. 서희는 싸우지 않고도 적장과의 외교 담판을 통해 거란의 대군을 물리칠 수 있었다.

내용 찾아보기 역사 사건 기록문으로 쓸 내용에 대해 조사해 써 보세요.

여러 자료를 조사하여 사실에 근거해서 정리하도록 해.

내용 정리하기 조사한 내용을 바탕으로 역사 사건 기록문의 짜임에 맞춰 내용을 정리해 보세요.

처음
(사건 배경)

중간
(사건의 순서)

끝
(사건의 결과)

사건 기록문은 있었던 사건의 상황을 넘겨짚지 말고, 사실을 바탕으로 써야 해.

관찰 기록문 쓰기

🌸흐리게 쓴 글자를 한번 따라 써 보면 글쓰기에 도움이 됩니다.

🏷️ **관찰 내용 그려 보기** 관찰 기록문으로 쓸 내용을 그림으로 정리해 봅니다.

배추흰나비의 한살이 관찰하기

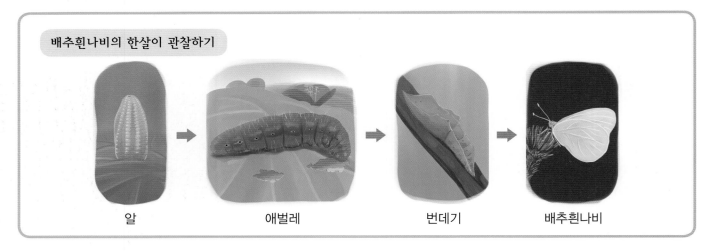

| 알 | 애벌레 | 번데기 | 배추흰나비 |

🏷️ **내용 정리하기** 그림을 보면서 관찰 기록문의 짜임에 맞춰 내용을 정리해 봅니다.

관찰 대상	배추흰나비

> 관찰 기록문을 쓸 때 관찰 대상, 관찰 기간, 장소, 도구, 방법, 등을 정리하여 쓰고, 관찰을 통해 알게 된 점과 느낀 점으로 마무리하면 돼.

관찰 기간 20○○년 4월 15일 ~ 20○○년 5월 4일

관찰 장소 교실 창가의 사육 상자

관찰 방법 맨눈이나 돋보기로 관찰하기 / 자, 사진 등으로 크기나 모양, 색깔 변화 관찰하기

관찰 내용
- 4월 15일: 알을 관찰하였다. 좁쌀보다 더 작고 노란색이다. 돋보기로 살펴보니 옥수수처럼 생겼다.
- 4월 20일: 애벌레가 기어다닌다. 8mm 정도 크기이고, 털이 보인다.
- 4월 25일: 애벌레가 제법 통통해지고 20mm 정도로 자랐다. 색깔이 점점 녹색으로 진해진 것 같다. 케일 잎에 구멍이 많이 난 것을 보니 애벌레가 먹은 것 같다.
- 4월 28일: 애벌레의 몸 색깔이 맑아진 것 같다. 나뭇가지에 붙어 있다.
- 5월 2일: 번데기가 되어 나뭇가지에 붙어 있다. 크기는 25mm 정도이고 딱딱해 보인다.
- 5월 4일: 흰색 나비가 되어 사육 상자 안에서 돌아다닌다. 머리, 가슴, 배로 나뉘어 있고, 날개 두 쌍, 다리 세 쌍이 보였다. 번데기 껍질은 여전히 나뭇가지에 붙어 있다. 속이 빈 것 같았다.

'관찰 기록문'은 동물이나 곤충, 식물, 자연의 변화 등을 시간을 두고 관찰한 사실을 중심으로 쓴 글이에요. 관찰 결과를 기록할 때는 그 생김새나 형태, 색깔, 크기 등을 사실대로 써야 해요.

기록문은 종류가 다양해. 기록문은 객관적인 사실을 글로 쓰는 것이지만, 생각이나 느낌이 드러나게 쓸 수도 있어.

글로 써 보기 정리한 내용을 바탕으로 관찰 기록문을 써 봅니다.

배추흰나비가 되기까지

처음 과학 시간에 배추흰나비의 한살이를 관찰했다. 약 15일에서 20일이면 애벌레에서 배추흰나비가 된다고 해서 2~3주 동안 교실 창가에 있는 사육 상자를 관찰하기로 했다.

중간 4월 15일에 알을 관찰하였다. 좁쌀보다 더 작고 노란색이다. 너무 작아서 돋보기로 살펴보니 옥수수처럼 생긴 것을 알 수 있었다. 5일 정도 지나니 애벌레가 기어다니기 시작하였다. 알에서 어떻게 나왔는지는 보지 못했다. 자로 재 보니 길이가 8mm 정도이고, 털이 보인다. 5일 정도 더 지나니 애벌레가 제법 통통해졌다. 약 20mm 정도로 자랐으며, 색깔이 점점 녹색으로 진해지고 있었다. 케일 잎에 구멍이 많이 난 것을 보니 애벌레가 케일을 잘 먹고 있는 것 같았다. 4월 28일에는 애벌레의 몸 색깔이 맑아진 느낌이다. 나뭇가지에 붙어 있었다. 며칠 지나니 번데기가 되어 나뭇가지에 붙어서 갈색이 되어 가는 것 같다. 크기는 25mm 정도이고 딱딱해 보였다.

관찰을 시작한 지 약 20일이 지나니 어느새 흰색 나비가 되어 사육 상자 안에서 돌아다니고 있었다. 머리, 가슴, 배로 나뉘어 있고, 날개 두 쌍, 다리 세 쌍이 보였다. 번데기 껍질은 여전히 나뭇가지에 붙어 있었으나 속이 빈 것 같았다.

끝 배추흰나비를 보니 예쁘고 신기했다. 알과 애벌레, 번데기에서 나비까지 변화되는 모습을 직접 내 눈으로 보아서 더 흥미로웠다. 그런데 알에서 나오는 장면이나 번데기에서 나비가 되는 장면을 직접 보지 못해서 서운했다. 관찰하지 못한 부분은 영상 자료를 찾아봐야겠다.

🖊 **관찰 내용 그려 보기** 관찰 기록문으로 쓸 내용을 그림으로 정리해 보세요.

🖊 **내용 정리하기** 그림을 보면서 관찰 기록문의 짜임에 맞춰 내용을 정리해 보세요.

관찰 대상

관찰 기간

관찰 장소

관찰 방법

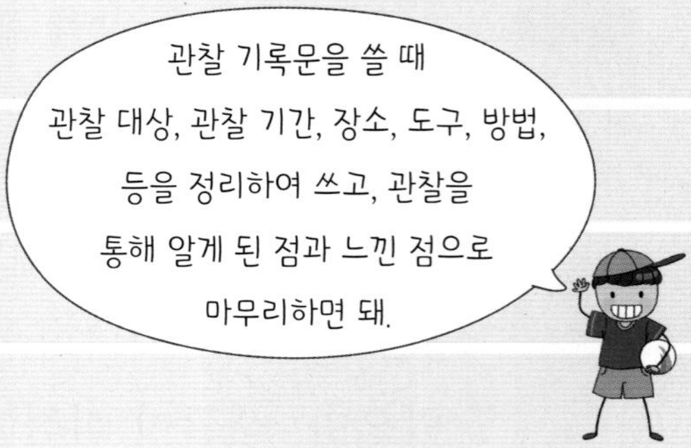

> 관찰 기록문을 쓸 때
> 관찰 대상, 관찰 기간, 장소, 도구, 방법,
> 등을 정리하여 쓰고, 관찰을
> 통해 알게 된 점과 느낀 점으로
> 마무리하면 돼.

관찰 내용

1
주차

1회
2회
3회
4회
5회

기록문은 종류가 다양해.
기록문은 객관적인 사실을 글로 쓰는
것이지만, 생각이나 느낌이 드러나게
쓸 수도 있어.

광고문 쓰기

🐱 흐리게 쓴 글자를 한번 따라 써 보면 글쓰기에 도움이 됩니다.

어떻게 쓸까요

🏷 **내용 찾아보기** 우리나라 여행지를 알리는 광고문을 만들려고 합니다. 사진을 보고 떠오르는 것을 생각나는 대로 써 봅니다.

경포대
• 바다가 깨끗하다.
• 해수욕을 즐길 수 있다.

강릉 오죽헌
• 율곡 이이와 신사임당의 생가, 한옥이 멋지다.

바다 열차
• 바다와 멋진 풍경을 구경할 수 있다.

> 알리고 싶은 주장이나 문제를 한마디로 간추린 부분이 '표제'야. 사람들의 기억에 남도록 말하려는 내용을 종합해 짧게 쓰도록 해.

🏷 **내용 정리하기** 생각나는 대로 쓴 것을 바탕으로 광고문에 들어갈 내용을 정리해 봅니다.

목 적	• 여행지로 좋은 강릉을 많은 사람에게 알린다.
제 목	• 다시 찾고 싶은 바다를 품다, 강릉
슬로건	• 힐링 파트너! 가까이에 있습니다. 등
내 용	• 해수욕장, 오죽헌, 바다 열차, 양떼 목장 등 많은 여행지

'광고문'은 어떤 대상에 대한 정보를 사람이 이해하도록 널리 알리는 글이에요. 광고문은 대상의 내용을 알리는 일, 즉 광고의 효과를 높이는 데 글의 목적이 있어요.

글로 써 보기   정리한 내용을 바탕으로 사진에 어울리는 광고문을 써 봅니다.

다시 찾고 싶은 바다를 품다, 강릉

힐링 파트너!
여러분 가까이에 있습니다.

위인의 출생지
오죽헌

바다를 달리다
바다 열차

맑은 물, 깨끗한 모래
해수욕장

광고문은 길이는 짧고,
표현을 독창적으로 하여,
광고를 보는 사람의
마음을 움직여야 해.

🔖 **내용 찾아보기** 우리나라 여행지를 알리는 광고문을 만들려고 합니다. 여행지 사진을 보고 떠오르는 것을 생각나는 대로 써 보세요.

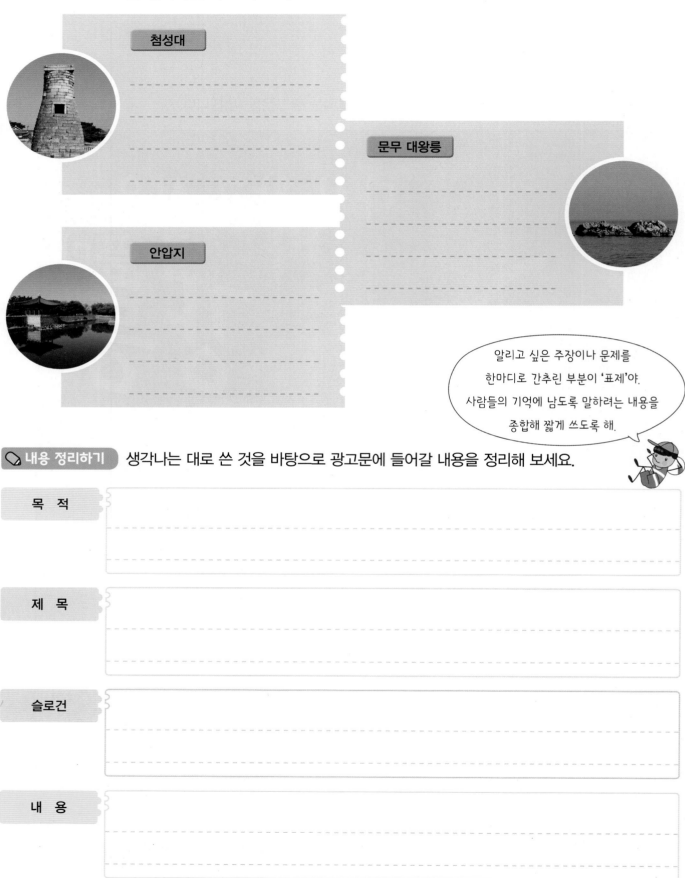

첨성대

문무 대왕릉

안압지

알리고 싶은 주장이나 문제를 한마디로 간추린 부분이 '표제'야. 사람들의 기억에 남도록 말하려는 내용을 종합해 짧게 쓰도록 해.

🔖 **내용 정리하기** 생각나는 대로 쓴 것을 바탕으로 광고문에 들어갈 내용을 정리해 보세요.

목 적

제 목

슬로건

내 용

정리한 내용을 바탕으로 사진에 어울리는 광고문을 써 보세요.

© 국립중앙박물관 홈페이지 공공누리

광고문은 길이는 짧고, 표현을 독창적으로 하여, 광고를 보는 사람의 마음을 움직여야 해.

기행문 쓰기

◆흐리게 쓴 글자를 한번 따라 써 보면 글쓰기에 도움이 됩니다.

어떻게 쓸까요

내용 찾아보기 여행한 곳을 떠올려 보고 생각나는 대로 써 봅니다.

- 여름 휴가로 떠난 강릉에서 오죽헌, 양떼 목장, 경포대를 다녀옴.

- 제주도에 있는 우도에 배를 타고 들어가는 것이 새로웠음.

여행

- 인천 송도 축제에서 불꽃놀이를 보았음.

- 가족들과 떠난 여수 1박2일 여행에서 본 여수 밤바다가 멋졌음.

여행을 다녀온 곳 중 가장 기억에 남는 곳을 떠올려 봐!

내용 정리하기 생각나는 대로 쓴 것 중 기억에 남는 여행을 기행문의 짜임에 맞춰 정리해 봅니다.

처음
(여행 목적)

- 가족과 함께 1박 2일로 여름 휴가를 떠남.
- 부모님 차를 타고 자유롭게 다님.

중간
(여정, 견문, 감상)

여정	견문	감상
경포대	• 많은 사람들이 휴가를 즐기는 모습을 봄.	• 여름 바다가 시원함.
오죽헌	• 숲으로 둘러싸인 한옥, 기념관, 동상 등을 봄.	• 공기도 좋고, 풍경도 좋았음.
양떼 목장	• 양떼들을 직접 봄. • 양의 먹이가 사료였음.	• 양에게 주는 먹이가 사료여서 실망함. • 자연과 좀 멀어지는 기분이 듦.

끝
(감상, 다짐)

- 오죽헌이 가장 기억에 남음.
- 집으로 돌아가면 이이와 신사임당에 관한 이야기를 더 찾아보려 함.

'기행문'은 여행하면서 보고, 듣고, 느끼고, 겪은 것을 적은 글이에요. 기행문의 형식에서 여행의 과정으로 다닌 곳을 '여정', 여행하면서 보고 들은 것을 '견문', 생각하거나 느낀 것을 '감상'이라고 해요.

기행문의 끝부분에 감상, 다짐, 더 알고 싶은 점, 바라는 점 등을 쓸 수 있어.

글로 써 보기 정리한 내용을 바탕으로 기행문을 써 봅니다.

공기도 풍경도 좋았던 강릉

처음 　가족과 함께 강릉으로 1박 2일 일정으로 여름 휴가를 떠났다. 아침부터 설레는 마음으로 자동차에 올라탔다. 동생은 먹는 게 최고라며 강릉 맛집을 검색하기 시작했다.

중간 　약 3시간 정도를 달려 경포대 해수욕장에 도착했다. 날씨도 해수욕하기 딱 좋은 날씨였다. 경포대 해수욕장에는 휴가를 즐기러 온 사람들이 많았다. 파도 소리와 바람 소리, 사람들의 웃음소리가 경쾌하게 들렸다. 여름 바다는 정말 시원했다.

　둘째 날이 되어 율곡 이이가 태어난 오죽헌에 갔다. 안으로 들어가니 숲으로 둘러싸인 멋진 한옥이 보였다. 율곡 기념관과 동상도 있었다. 검은 대나무가 집 주변을 둘러싸고 있어서 오죽헌이라는 이름이 붙여졌다고 한다.

　마지막으로 간 곳은 소금강 양떼 마을에 있는 양떼 목장이었다. 생각보다 규모가 크지는 않았지만 양떼를 가까이에서 볼 수 있어 좋았다. 양떼 목장에서 먹이를 주는데 풀이 아니라 사료여서 실망했다. 자연에서 풀을 먹이며 키우는 양이라고 생각했는데, 사료를 먹이다니……. 자연과 좀 멀어지는 기분이 들었다.

끝 　1박 2일 동안 다닌 곳 중에서 가장 기억에 남는 곳은 보물 제165호로 등재되어 있다는 오죽헌이었다. 마음이 고요해지면서 시끄러운 세상과 잠시 단절된 기분이 들었다. 집으로 돌아가면 오죽헌과 관련 있는 이이와 신사임당의 이야기를 더 찾아보아야겠다.

내용 찾아보기 여행한 곳을 떠올려 보고 생각나는 대로 써 보세요.

여행을 다녀온 곳 중 가장 기억에 남는 곳을 떠올려 봐!

내용 정리하기 생각나는 대로 쓴 것 중 기억에 남는 여행을 기행문의 짜임에 맞춰 정리해 보세요.

처음 (여행 목적)	

중간 (여정, 견문, 감상)	여정	견문	감상

끝 (감상, 다짐)	

정리한 내용을 바탕으로 기행문을 써 보세요.

기행문의 끝부분에 감상, 다짐, 더 알고 싶은 점, 바라는 점 등을 쓸 수 있어.

기행문 형식으로 일기 쓰기

🌸흐리게 쓴 글자를 한번 따라 써 보면 글쓰기에 도움이 됩니다.

어떻게 쓸까요

🏷 **내용 찾아보기** 여행한 곳을 떠올려 보고 생각나는 대로 써 봅니다.

• 할머니를 모시고 가족과 경복궁을 방문함.

서울 나들이

• 통인 시장에서 기름 떡볶이를 먹었음.

• 청계천을 산책함.

• 할머니와 함께 가서 좋았음.

> 시간을 나누어 간 곳을 생각해 보고, 본 것과 들은 것, 느낀 점을 정리하도록 해.

🏷 **내용 정리하기** 생각나는 대로 쓴 것 중 기억에 남는 여행을 기행문의 짜임에 맞춰 정리해 봅니다.

처음
(여행 목적)

• 추석을 맞이하여 할머니와 함께 서울 나들이를 함.

중간
(여정, 견문, 감상)

여정	견문	감상
경복궁	• 조선 왕조의 법궁이라고 함. • 해태, 근정전의 멋진 기와, 근정전 뒤의 건물, 향원지를 봄.	• 가을 하늘 아래 근정전의 멋진 기와가 더 아름답게 보였음. • 건물로 들어가는 문들이 미로처럼 보였음.
통인 시장	• 기름 떡볶이가 유명하다고 함. • 기름 떡볶이, 녹두전 등을 먹음.	• 처음 먹어 본 기름 떡볶이가 고소하고 맛있었음.
청계천	• 청계천으로 내려가 걸음. • 커다란 잉어, 돌다리를 봄.	• 청계천이 아기자기했음. • 잉어와 돌다리가 재미있었음.

끝
(감상, 다짐)

• 서울에는 갈 곳이 많다고 하니 다른 곳도 가 보고 싶음.
• 집에만 계시던 할머니께서 바람을 쐬어 좋다고 하시니 다음에도 모시고 가야겠다고 생각함.

일기의 형식은 여러 가지에요. 하루 동안 간 곳에서 느낀 감상을 기억하고 싶을 때에는 기행문 형식으로 일기를 쓰기도 해요.

일기는 하루 동안 겪은 일이나 생각에 대한 개인의 기록이므로 개인적인 느낌이나 생각을 곁들여 쓰도록 해 봐!

글로 써 보기 정리한 내용을 바탕으로 기행문 형식의 일기를 써 봅니다.

날짜와 요일 20○○년 9월 5일 금요일   **날씨** 파란 하늘 맑은 날

제목 할머니와의 서울 나들이

처음 　이번 추석에는 할머니를 모시고 서울 나들이를 하기로 했다. 할머니께서 아주 좋아하셔서 나도 기분이 좋았다.

중간 　제일 먼저 경복궁에 갔다. 경복궁은 조선 왕조의 법궁이라고 한다. 해태가 반겨 주는 경복궁으로 들어가니 멋진 기와가 있는 근정전이 보였다. 가을 하늘이 파래서 근정전의 멋진 기와가 더 아름답게 느껴졌다. 근정전 뒤쪽으로 여러 건물이 있었다. 건물로 들어가는 문들이 미로처럼 보였는데, 건물들을 지나자 예쁜 연못인 향원지가 있었다. 우리 가족은 잠시 향원지 주변 의자에 앉아 쉬었다.

　점심시간이 되어 경복궁을 나와 통인 시장으로 갔다. 엄마께서 통인 시장은 기름 떡볶이가 유명하다고 먼저 먹자고 하셨다. 기름 떡볶이라고 해서 느끼할 줄 알았는데 고소하고 맛있었다. 녹두전, 닭꼬치 등도 먹었다. 시장에서 먹으니 더 맛있는 것 같았다.

　통인 시장에서 나와 청계천으로 갔다. 할머니께서 걷는 속도에 맞춰 걸으니 청계천의 아기자기한 모습이 더 잘 보였다. 커다란 잉어도 있고, 돌다리도 있어서 재미있었다.

끝 　서울에 이렇게 갈 곳이 많은 줄 몰랐다. 아빠께서는 서울에는 여기 말고도 볼 곳이 많다고 하셨다. 다른 곳도 기대된다. 오랜만에 가족들과 같이 나와서 좋았다. 특히 집에만 계시던 할머니께서 바람을 쐬어 좋다고 하시니 다음에도 모시고 가야겠다고 생각했다.

내용 찾아보기 여행한 곳을 떠올려 보고 생각나는 대로 써 보세요.

시간을 나누어 간 곳을
생각해 보고, 본 것과 들은 것,
느낀 점을 정리하도록 해.

내용 정리하기 생각나는 대로 쓴 것 중 기억에 남는 여행을 기행문의
짜임에 맞춰 정리해 보세요.

처음 (여행 목적)	

중간
(여정, 견문, 감상)

여정	견문	감상

끝 (감상, 다짐)	

글로 써 보기 정리한 내용을 바탕으로 기행문 형식의 일기를 써 보세요.

1
주차
1회
2회
3회
4회
5회

날짜와 요일

날씨

제목

> 일기는 하루 동안 겪은 일이나
> 생각에 대한 개인의 기록이므로
> 개인적인 느낌이나 생각을 곁들여
> 쓰도록 해 봐!

1 설명에 알맞은 글의 종류를 보기 에서 찾아 쓰세요.

보기   광고문   기행문   관찰 기록문   역사 사건 기록문

(1) 역사적으로 일어난 사건의 사실을 기록한 글입니다. 역사에 대한 객관적인 자료를 바탕으로 어떤 사건이 일어났는지 기록해야 합니다.

(   )

(2) 사물이나 현상을 주의하여 자세히 살펴본 내용을 기록한 글입니다. 보통 동물이나 곤충, 식물, 자연의 변화 등을 시간을 두고 관찰하여 씁니다.

(   )

(3) 여행하면서 보고, 듣고, 생각하거나 느낀 것을 자유롭게 적은 글입니다.

(   )

(4) 어떤 대상에 대한 정보를 사람이 이해하도록 널리 알리는 글입니다. 대상의 내용을 알리는 일의 효과를 높이는 데 목적이 있습니다.

(   )

2 서로 관련 있는 것끼리 선으로 이으세요.

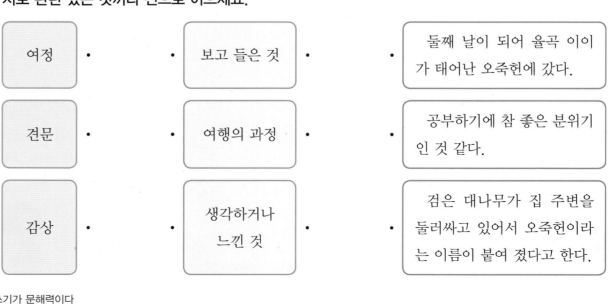

여정	•	•	보고 들은 것	•	•	둘째 날이 되어 율곡 이이가 태어난 오죽헌에 갔다.
견문	•	•	여행의 과정	•	•	공부하기에 참 좋은 분위기인 것 같다.
감상	•	•	생각하거나 느낀 것	•	•	검은 대나무가 집 주변을 둘러싸고 있어서 오죽헌이라는 이름이 붙여 졌다고 한다.

사진 정리하기

유럽 여행에 대한 기행문을 쓰려고 사진을 정리하고 있어요. 여행 순서대로 사진 아래에 번호를 써 보세요.

힌트: 나라에 표시된 색과 같은 사진 액자의 테두리 색을 찾아 보세요.

스위스 융프라우

스페인 쿠엘 공원

이탈리아 베네치아

프랑스 베르사유 궁전

여행 다녔던 순서대로 정리해야지.

2주차 다양한 종류의 글 2

무엇을 쓸까요

이상한 나라에 간 앨리스가 토끼를 따라갑니다. 토끼는 새로운 소식을 전해야 한다며 앞서

서 뛰어가고요. 토끼가 이상한 나라의 사람들에게 **소식을 전하려면** 기사문을 써야 할 텐

데 **뉴스 기사로 쓸까요? 신문 기사로 쓸까요?**

궁금하면 우리도 따라가 볼까요?

인물 중심으로 서평 쓰기

🌸흐리게 쓴 글자를 한번 따라 써 보면 글쓰기에 도움이 됩니다.

🏷생각 모으기 │ 책을 읽고 난 뒤 인물 중심으로 인상 깊은 장면이나 느낌을 생각나는 대로 써 봅니다.

- 해로운이라는 별명을 가진 이로운이 반장이 됨.
- 이로운이 반장을 잘 해냄.
- 친구들과 협력함.

잘못 뽑은 반장

- 제목이 끌림.
- 그림이 우스꽝스러움.

- 잘난 체만 하던 황제하가 협력자가 됨.
- 이로운은 반장 역할을 잘하려고 노력함.
- 로운이의 멘토, 명찬이 반장이 로운이에게 자신감을 줌.

- 도전을 망설이는 친구에게 필요한 책임.
- 도전하면서 성장함.

서평에는 책의 내용과 책을 쓴 작가, 책을 읽은 소감, 책의 가치, 추천하는 내용 등이 들어가.

🏷생각 정리 │ 생각나는 대로 쓴 것을 바탕으로 서평에 쓸 내용을 인물 중심으로 정리해 봅니다.

제목 │ 해로운에서 이로운으로, 성장하는 반장

줄거리
- '너만 빼고'라는 짝 '백희'의 말을 듣고 화가 나서 반장 선거에 나간 이로운은 놀랍게도 반장으로 뽑혀서 진정한 반장으로 성장함.

책의 가치·소감
- 이 책을 반장에 도전하는 용기가 필요했던 친구들에게 권함.
- 진정한 도전을 위해 계속 성장하게 될 것임.

인물
- **이로운**: 진정한 반장이 되기 위해 노력함. 친구들의 마음을 얻기 위해 노력함.
- **황제하**: 잘난 체만 하던 반장 도우미가 이로운의 협력자로 바뀜.
- **명찬이 반장**: 장애인 누나네 반장이지만 반장 역할을 잘함. 이로운에게 자신감을 줌.

서평은 책의 특징을 소개하거나 책을 읽은 소감과 더불어 책의 내용이나 가치를 평가한 글이에요. 서평은 감상뿐 아니라 책에 대한 평가를 담고 있어서 다른 사람이 그 책을 선택하는 데 도움을 줘요.

인물 중심으로 서평을 쓰려면 인물을 통해 작가가 말하려는 것을 생각해 봐야 해.

글로 써 보기 정리한 내용을 바탕으로 인물 중심의 서평을 써 봅니다.

해로운에서 이로운으로, 성장하는 반장

제목

처음
주요 내용

『잘못 뽑은 반장』이라는 제목을 보자마자 '이를 어쩌나?' 하고 걱정이 되었다. 과연 어떻게 될지도 궁금했다.

'너만 빼고'라고 자신을 무시하는 짝 '백희'의 말에 화가 나서 반장 선거에 나간 이로운은 뜻밖에도 반장으로 뽑힌다. '해로운'이라는 별명이 있을 정도로 말썽꾸러기 로운이는 반장 역할을 어떻게 해낼까?

중간
내용
(인물 중심)

이 책에는 로운이뿐 아니라 다양한 인물이 나온다. 선생님과 친구들에게 인정받아 반장 도우미를 한 '황제하', 장애가 있어 로운이를 힘들게 하지만 사랑스러운 누나인 '이루리', 로운이의 멘토가 되는 '명찬이 반장'까지.

이로운이 반장이 된 첫날, 교실에 질서란 없었다. 이로운은 반장 역할을 포기하려는 마음이 들었지만 누나가 인정하는 명찬이 반장 이야기를 듣고 자신감을 얻는다. 명찬이 반장은 장애가 있는 학생임에도 불구하고 반장 역할을 잘하기 때문이다.

로운이는 친구들의 우유 상자를 들어 주고, 우유도 대신 먹어 준다. 반 친구들을 위해 싸움도 한다. 반장다운 반장이 되기 위해 노력하는 로운이는 진정한 반장으로 성장하고 있었다.

로운이는 내려놓을 줄도 알았다. 합창 대회 때 지휘를 잘 하는 제하에게 지휘자의 역할을 넘겨주고, 자신은 소개만을 담당한다. 로운이의 노력으로 잘난 체만 하던 제하도 이로운의 협력자로 바뀐다.

끝
소감, 가치

이 책은 누구나 반장에 도전해 볼 수 있도록 용기를 주는 책이다. 도전하는 용기가 필요했던 친구들은 이 책을 꼭 읽어 보길 권한다. 진정한 도전을 위해 계속 성장하게 될 것이다.

생각 모으기 책을 읽고 난 뒤 인물 중심으로 인상 깊은 장면이나 느낌을 생각나는 대로 써 보세요.

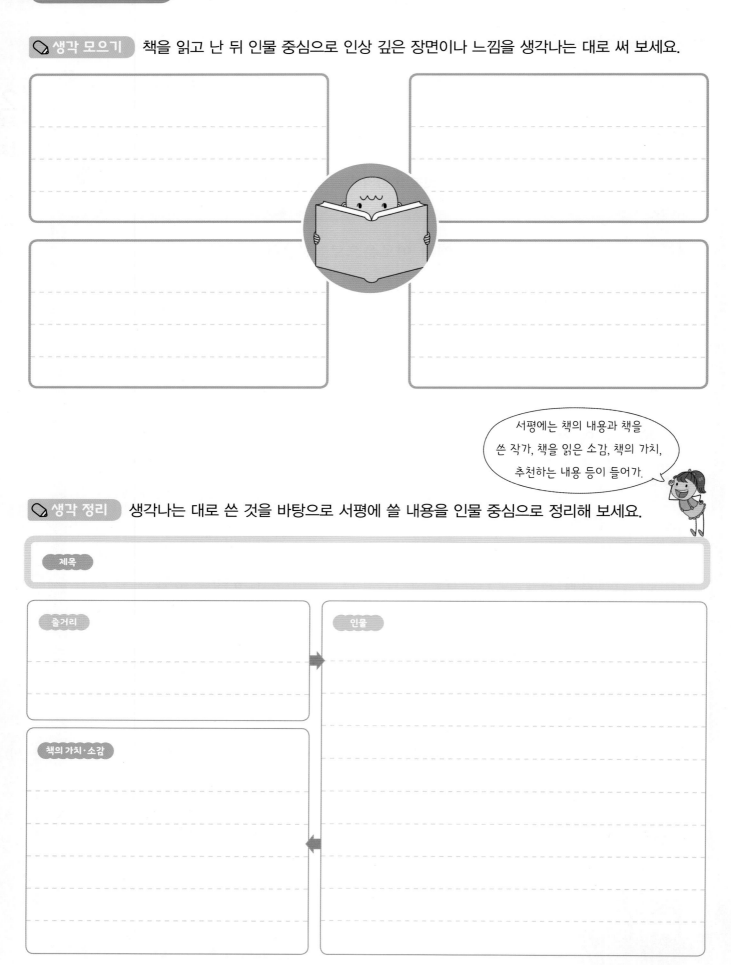

서평에는 책의 내용과 책을 쓴 작가, 책을 읽은 소감, 책의 가치, 추천하는 내용 등이 들어가.

생각 정리 생각나는 대로 쓴 것을 바탕으로 서평에 쓸 내용을 인물 중심으로 정리해 보세요.

제목

줄거리

인물

책의 가치·소감

인물 중심으로 서평을
쓰려면 인물을 통해 작가가 말하려는 것을
생각해 봐야 해.

사건 중심으로 **서평 쓰기**

🌸흐리게 쓴 글자를 한번 따라 써 보면 글쓰기에 도움이 됩니다.

 **어떻게 쓸까요**

생각 모으기 책을 읽고 떠오르는 것을 생각나는 대로 써 봅니다.

사라,
버스를 타다

- 기사
- 사라
- 운전사
- 엄마

- 로사 팍스의 실제 이야기
- 작가는 흑인 인권 운동에 관한 이야기를 주로 씀.

- 흑인인 사라가 백인 자리에 앉음.
- 법을 어겼다는 이유로 경찰서에 가게 됨.
- 흑인들이 사라의 뜻을 따라 버스를 타지 않자, 법이 바뀜.

- 차별의 순간을 만날 때 말할 수 있는 용기를 주는 책
- 인권에 대하여 생각해 볼 수 있는 책

> 책을 선택하려는 사람들에게 도움을 주는 내용이 무엇인지 생각해 봐!

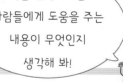

생각 정리 서평에 쓸 내용을 중요 사건 중심으로 정리해 봅니다.

제목 차별의 순간, 용기 있는 행동

줄거리
사라는 버스에 정해져 있는 흑인 자리를 거부하고 백인 자리인 앞자리에 앉았다는 이유로 경찰서에 가지만, 사라의 뜻을 따르는 흑인들로 인해 법이 바뀌게 됨.

책의 가치·소감
- 인권에 대하여 생각해 볼 수 있는 책
- 차별의 순간을 만날 때 당당하게 말할 수 있는 용기를 주는 책

중요 사건
- 미국의 로사 팍스의 실화를 바탕으로 한 이야기임.
- 사라는 법을 어겼다는 이유로 경찰서에 다녀온 후, 버스를 타지 않게 됨.
- 흑인들이 사라의 뜻을 따라 버스를 타지 않자, 잘못된 법이 바뀜.
- 작가 윌리엄 밀러는 흑인 인권 운동에 관한 이야기를 주로 씀.
- 작가는 이 사건을 통해 인종 차별의 현실을 알려 주고, 차별 없는 사회로의 변화를 요구함.

🖊️ 사건 중심으로 서평을 쓸 때에는 사건의 내용을 간단히 요약하고, 작가가 사건을 통해 말하려는 것이 무엇인지를 생각해 봐야 해요.

서평의 제목은
소개하려는 내용이 한눈에 드러나도록
압축해서 쓰면 좋아!

🏷️ 글로 써 보기   정리한 내용을 바탕으로 사건 중심의 서평을 써 봅니다.

제목

차별의 순간, 용기 있는 행동

처음

주요 내용

호기심 많은 소녀 사라는 버스 앞자리가 무엇이 특별한지 궁금했다. 백인만 앉을 수 있는 자리였기 때문이다.

중간

내용
(사건 중심)

버스 운전사는 사라에게 늘 그래 왔듯이 흑인의 자리로 가라고 한다. 하지만 이날 사라는 자신이 뒷자리에 갈 이유가 없다고 생각했다.

작가 윌리엄 밀러는 흑인 운동에 관한 이야기를 주로 썼다. 『사라, 버스를 타다』도 그중의 하나이다. 이 책은 미국에서 실제로 일어난 '로사 팍스'의 버스 승차 거부 사건을 바탕으로 하고 있다.

사라는 법을 어겼다는 이유로 경찰서에 가게 된다. 그 이후 사라는 버스를 타지 않았다. 그의 용기와 생각에 함께하는 흑인들은 '버스 승차 거부 운동'을 벌이며 버스를 타지 않았다. 버스 회사와 시장은 당황했다. 마침내 옳지 않은 법은 바뀌었다. 어린 소녀의 용기 있는 행동이 흑인들의 인권에 변화를 준 것이다.

끝

소감, 가치

작가는 이 사건을 통해 인종 차별의 현실을 알려 주고, 차별 없는 사회로의 변화를 요구하고 있다.

『사라, 버스를 타다』는 차별의 순간을 만날 때 옳은 것을 말할 수 있는 용기를 주는 책이다. 여전히 우리 주위에서 무시되는 인권에 대해 돌아볼 수 있게 하는 책이다.

이렇게 써 봐요

🏷 **생각 모으기** 책을 읽고 떠오르는 것을 생각나는 대로 써 보세요.

🏷 **생각 정리** 서평에 쓸 내용을 중요 사건 중심으로 정리해 보세요.

> 책을 선택하려는 사람들에게 도움을 주는 내용이 무엇인지 생각해 봐!

제목

줄거리

중요 사건

책의 가치와 추천

글로 써 보기 정리한 내용을 바탕으로 사건 중심의 서평을 써 보세요.

뉴스 기사문 쓰기

❀흐리게 쓴 글자를 한번 따라 써 보면 글쓰기에 도움이 됩니다.

🏷️생각 모으기 뉴스 기사문으로 어떤 내용을 써야 할지 육하원칙으로 써 봅니다.

제목	→	금빛 행진, 한국 양궁 세계 최강임을 확인!
언제 (때)	→	20○○년 9월 10~17일
어디서 (곳)	→	미국, 세계양궁선수권대회
누가 (인물)	→	한국 양궁 대표 선수들
무엇을 (사건)	→	금메달 5개, 동메달 1개
어떻게 (상황, 방법)	→	2011년 이후 혼성 단체전 도입으로 금메달 수가 5개로 늘어남.
왜 (원인, 이유)	→	금빛 행진, 세계양궁선수권대회 전 종목 석권

> 뉴스 기사문을 쓸 때, 사람들이 관심을 가질 만한 내용, 알릴 만한 가치가 있는 내용, 최신 정보를 기삿거리로 정해야 해.

🏷️생각 정리 육하원칙으로 쓴 것을 바탕으로 기사 내용을 정리해 봅니다.

제목	금빛 행진, 한국 양궁 세계 최강임을 확인!
아나운서 (내용 요약)	• 20○○년 9월 10일부터 미국에서 일주일간 실시된 세계양궁선수권대회에서 한국 양궁이 세계 최강임을 확인함. • 금메달 5개와 동메달 1개의 성적으로 전 종목을 석권하는 쾌거를 이룸.
기사 (자세한 내용)	• 장하다 선수와 김두리 선수가 남녀 개인전에서 금메달을 땀. • 여자 단체전과 남자 단체전, 혼성 단체전에서 각각 정상을 차지함. • 금메달 5개, 동메달 1개로 2011년 이후 세계양궁선수권대회에서 사상 첫 전 종목 석권을 함.

기사문은 보고 들은 사실을 육하원칙에 따라 간결하게 정리하여 쓴 글이에요. 뉴스 기사문은 뉴스를 통해 기사문으로 쓴 내용을 보도하는 글이지요.

뉴스 기사문은 '제목 - 아나운서의 요약 - 기사의 자세한 내용' 순으로 쓰고, 높임말을 사용하여 말하듯이 쓰면 돼.

글로 써 보기 정리한 내용을 바탕으로 뉴스 기사문을 써 봅니다.

제목

금빛 행진, 한국 양궁 세계 최강임을 확인!

아나운서
기사 요약

20○○년 9월 10일부터 미국에서 일주일간 실시된 세계양궁선수권대회에서 한국 양궁이 세계 최강임을 확인했습니다. 한국 양궁은 금메달 5개와 동메달 1개의 좋은 성적으로 전 종목을 석권하는 쾌거를 이루었습니다.

김신영 기자가 전해드립니다.

기사

자세한
내용 전달

장하다 선수는 텐을 쏘아 미국을 꺾고 금메달을 땄습니다. 이어진 남자 개인전 결승에서는 김두리 선수가 브라질 선수를 누르고 금메달을 목에 걸었습니다.

개인전 금메달에 이어 단체전에서도 금빛 행진이 이어졌습니다. 김두리, 오상인, 조인범 선수가 남자 단체전에서, 장하다, 강찬미, 안미리 선수가 여자 단체전에서 각각 세계 정상을 차지하였습니다. 혼성 단체전 역시 김두리와 안미리 선수가 세계 최강임을 증명했습니다.

세계양궁선수권대회에 처음 출전한 장하다 선수는 여자 단체전과 개인전에서 금메달 2관왕을 이뤄 냈습니다. 김두리 선수는 혼성 단체전과 남자 단체전에 이어 개인전까지 제패하여 3관왕의 주인공이 되었습니다. 2011년 이후 혼성 단체전 도입으로 금메달 수가 5개로 늘어난 세계양궁선수권대회에서 사상 첫 전 종목 석권입니다.

준결승에서 3관왕 도전에 실패했던 안미리 선수는 멕시코를 꺾고 동메달을 획득했습니다.

한국 양궁은 금메달 5개로 전 종목을 석권하고, 동메달 1개까지 추가하여, 최고의 성적으로 세계양궁선수권대회를 마쳤습니다.

□□뉴스 TV 김신영 기자였습니다.

이렇게 써 봐요

🏷️ 생각 모으기 뉴스 기사문으로 어떤 내용을 써야 할지 육하원칙으로 써 보세요.

제목	→
언제 (때)	→
어디서 (곳)	→
누가 (인물)	→
무엇을 (사건)	→
어떻게 (상황, 방법)	→
왜 (원인, 이유)	→

> 뉴스 기사문을 쓸 때, 사람들이 관심을 가질 만한 내용, 알릴 만한 가치가 있는 내용, 최신 정보를 기삿거리로 정해야 해.

🏷️ 생각 정리 육하원칙으로 쓴 것을 바탕으로 기사 내용을 정리해 보세요.

제목	
아나운서 (내용 요약)	
기사 (자세한 내용)	

정리한 내용을 바탕으로 뉴스 기사문을 써 보세요.

제목

아나운서

기사

뉴스 기사문은
'제목 – 아나운서의 요약 – 기사의
자세한 내용' 순으로 쓰고, 높임말을
사용하여 말하듯이 쓰면 돼.

신문 기사문 쓰기

💮흐리게 쓴 글자를 한번 따라 써 보면 글쓰기에 도움이 됩니다.

어떻게 쓸까요

🔖 **생각 모으기** 신문 기사문으로 어떤 내용을 써야 할지 육하원칙으로 써 봅니다.

제목	→ 20○○년 한글날 행사, 다양한 이벤트와 문화 행사
언제 (때)	→ 20○○년 10월 5~11일
어디서 (곳)	→ 한글 박물관, 한글 주간 누리집 등
누가 (인물)	→ 문화체육관광부 주관
무엇을 (사건)	→ 한글 주간 행사, '우리의 한글, 세계를 잇다'를 주제로
어떻게 (상황, 방법)	→ 온·오프라인으로 다양한 프로그램 진행
왜 (원인, 이유)	→ 한글날을 맞이하여 한글의 가치를 되새기고자

> 기사문은 보고 들은 사실을 정확한 자료를 바탕으로 간결하게 써야 해.

🔖 **생각 정리** 육하원칙으로 쓴 것을 바탕으로 기사 내용을 정리해 봅니다.

표제 (큰제목)	20○○년 한글날 행사, 다양한 이벤트와 문화 행사
부제 (작은 제목)	한글날을 맞아 공연, 손편지 쓰기 등 다양한 프로그램 준비
전문 (기사 내용 요약)	10월 9일 한글날을 맞아 한글 주간 행사가 문화체육관광부 주관으로 10월 5일부터 11일까지 진행됨.
본문 (자세한 내용)	• 한글의 가치를 되새기고자 다양한 프로그램을 기획함. • '우리의 한글, 세계를 잇다'를 주제로 공연, 전시, 체험, 이벤트 등 다양한 문화 축제를 진행함. • 음악회, 소리 음악극 등의 공연과 한글 박물관에서 다양한 전시를 볼 수 있음. • 한글 손편지 쓰기, 한글 주간 4행시 이벤트 등 다양한 이벤트도 준비되어 있음.
해설 (참고, 추가 설명)	한글 주간 행사들은 예약을 통해 이루어지며, 한글 주간 누리집을 통해 자세한 내용을 확인할 수 있음.

🔖 신문 기사문은 신문을 통해 정보와 사실을 전달하는 글이에요. 신문 기사문은 '큰제목(표제)–작은 제목 (부제)–전체 기사 요약(전문)–자세한 내용(본문)–참고 사항이나 덧붙이는 부분(해설)'로 되어 있어요.

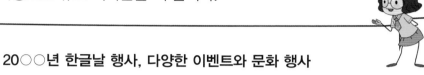

큰제목(표제)은 기사의 전체적인 내용을 한눈에 알아보도록하는 제목이고, 작은 제목(부제)은 더 구체적으로 내용을 알려 주는 제목이야.

🖊 **글로 써 보기** 정리한 내용을 바탕으로 뉴스 기사문을 써 봅니다.

> **표제**
>
>
>
> **20○○년 한글날 행사, 다양한 이벤트와 문화 행사**
>
>
>
> **부제**
>
>
>
> – 한글날을 맞아 공연, 손편지 쓰기 등 다양한 프로그램 준비 –
>
>
>
> **전문**
>
> 　10월 9일 한글날을 맞아 한글 주간 행사가 문화체육관광부 주관으로 10월 5일부터 11일까지 7일간 진행된다.
>
> **본문**
>
> 　문화체육관광부는 한글날을 맞이하여 한글의 가치를 되새기고자 다양한 프로그램을 기획하였다. '우리의 한글, 세계를 잇다'를 주제로 공연, 전시, 체험, 이벤트 등 다양한 문화 축제가 온·오프라인으로 진행된다.
>
> 　음악회 〈별 헤는 밤 다시 피어난 우리의 음악〉, 소리 음악극 〈세종〉 등 무대에서 펼쳐지는 다양한 공연을 직접 즐길 수 있다. 유튜브를 통해서도 〈한글날 노래〉 공연 영상, 〈다시 보는 우리의 역사〉 공연 영상을 볼 수 있다.
>
> 　한글 박물관에서는 다양한 전시도 보고 직접 체험을 할 수 있다. 기획 특별전 〈세계의 친구들 안녕?〉, 〈한글 사진 공모전〉 수상작 전시를 볼 수 있으며, 한글 문화 체험 '한글 놀이터'에서 체험 활동도 가능하다.
>
> 　다양한 이벤트도 준비되어 있다. 한글 손편지 쓰기, 한글 주간 4행시 이벤트, 구독 이벤트, 인증 이벤트 등 온라인 참여 행사가 다양하게 준비되어 있다.
>
> **해설**
>
> 　이러한 한글 주간 온·오프라인 행사들은 예약을 통해 이루어지며, 자세한 내용은 한글 주간 누리집을 통해 확인할 수 있다.
>
>
>
> – 송지민 기자
>
>

 **이렇게 써 봐요**

기사문은 보고 들은 사실을 정확한 자료를 바탕으로 간결하게 써야 해.

생각 모으기 신문 기사문으로 어떤 내용을 써야 할지 육하원칙으로 써 보세요.

제목	→
언제 (때)	→
어디서 (곳)	→
누가 (인물)	→
무엇을 (사건)	→
어떻게 (상황, 방법)	→
왜 (원인, 이유)	→

생각 정리 육하원칙으로 쓴 것을 바탕으로 기사 내용을 정리해 봅니다.

표제 (큰제목)	
부제 (작은 제목)	
전문 (기사 내용 요약)	
본문 (자세한 내용)	
해설 (참고, 추가 설명)	

글로 써 보기 정리한 내용을 바탕으로 신문 기사문을 써 보세요.

2
주차
1회
2회
3회
4회
5회

큰제목(표제)은 기사의 전체적인
내용을 한눈에 알아보도록하는 제목이고,
작은 제목(부제)은 더 구체적으로
내용을 알려 주는 제목이야.

기사문 형식으로 **일기 쓰기**

❀흐리게 쓴 글자를 한번 따라 써 보면 글쓰기에 도움이 됩니다.

📝 **생각 모으기** 오늘 하루 겪었던 일 중에서 기억에 남는 일을 정리해 봅니다.

학교에 갈 때 승민이를 만나 같이 감.	다음 주에 있을 줄넘기 대회에 대하여 선생님께서 이야기해 주심.	동생과 간식을 먹고 숙제를 함.

> 언제, 어디서, 어떤 일이 있었는지 소식을 알리는 기사를 쓴다고 생각하고 정리해 봐!

📝 **생각 정리** 오늘 하루 동안 겪은 일 중에서 인상 깊은 일을 육하원칙에 맞게 정리해 봅니다.

제목	→ 줄넘기 대회에서 상을 탈 거야
언제 (때)	→ 20○○년 5월 20일, 알림장을 쓰는 시간
어디서 (곳)	→ 교실
누가 (인물)	→ 선생님
무엇을 (사건)	→ 다음 달에 있을 줄넘기 대회에 대한 규칙을 알려 줌.
어떻게 (상황, 방법)	→ • 줄넘기 대회는 모둠발 뛰기로 1차 선발을 한 후, 줄넘기 2단 뛰기로 등수를 가림. • 5학년 기준 2단 뛰기는 10개 이상 해야 상을 받을 수 있음. • 2단 뛰기인 쌩쌩이가 자신이 없음. • 2단 뛰기인 쌩쌩이를 10개 이상 할 수 있을지 걱정이 됨. • 남은 기간 동안 2단 뛰기를 열심히 연습해야겠음.
왜 (원인, 이유)	→ 줄넘기 대회에서 상을 받기 위해서

일기는 여러 가지 형식으로 쓸 수 있어요. 하루 동안 겪은 일이나 느낀점을 되돌아보고 기억하기 위해 기사문 형식으로 일기를 쓰기도 해요.

일기는 개인의 생각이나 느낌이 드러난 글이므로 기사문 형식으로 쓰더라도 느낌이 드러나야 해.

2주차
1회
2회
3회
4회
5회

글로 써 보기 정리한 내용을 바탕으로 기사문 형식의 일기를 써 봅니다.

날짜, 요일 20○○년 5월 20일   **날씨** 구름 한 점 없이 맑은 날

제목 줄넘기 대회에서 상을 탈 거야

표제
드디어 줄넘기 대회가 열리다

부제
– 모둠발 뛰기를 거쳐 2단 뛰기로 등수를 가림 –

전문   교실에서 알림장을 쓰는 시간에 선생님께서 다음 달에 있을 줄넘기 대회에 대하여 경기 규칙을 알려 주셨다. 줄넘기 대회는 모둠발 뛰기로 1차 선발을 한 후, 줄넘기 2단 뛰기로 등수를 가린다고 한다.

본문   줄넘기 대회는 우리 학교에서 매년 열리는 행사이다. 학생들의 건강 증진을 위해 실시하는 이 대회는 일 년 동안 꾸준히 줄넘기를 연습한 학생들의 실력을 평가하여 칭찬하고 상을 준다.

   4학년 때까지는 모둠발 뛰기를 오래 하는 학생들에게 상을 주었는데, 5학년이 되니 줄넘기를 2단 뛰기까지 한다고 한다. 작년 5학년 기준, 줄넘기 2단 뛰기를 10번 이상 해야 상을 받는다고 한다.

해설   나는 모둠발 뛰기는 잘 해서 작년 줄넘기 대회에서는 상을 받았다. 그런데 줄넘기 2단 뛰기인 쌩쌩이가 자신이 없다. 10개까지 뛰어야 한다니 잘 할 수 있을지 걱정이 된다.

   남은 기간 동안 줄넘기 2단 뛰기인 쌩쌩이를 열심히 연습해서 줄넘기 대회에서 꼭 상을 받아야겠다.

생각 모으기 오늘 하루 겪었던 일 중에서 기억에 남는 일을 정리해 보세요.

언제, 어디서, 어떤 일이
있었는지 소식을 알리는 기사를 쓴다고
생각하고 정리해 봐!

생각 정리 오늘 하루 동안 겪은 일 중에서 인상 깊은 일을 육하원칙에 맞게 정리해 봅니다.

제목	→
언제 (때)	→
어디서 (곳)	→
누가 (인물)	→
무엇을 (사건)	→
어떻게 (상황, 방법)	→
왜 (원인, 이유)	→

글로 써 보기 정리한 내용을 바탕으로 기사문 형식의 일기를 써 봅니다.

| 날짜, 요일 | | 날짜, 요일 |

일기 제목

일기는 개인의 생각이나 느낌이
드러난 글이므로 기사문 형식으로
쓰더라도 느낌이 드러나야 해.

아하~ 알았어요

1 빈칸에 알맞은 말을 보기 에서 찾아 쓰세요.

보기   독서 감상문   신문   뉴스   서평

(1) [   ]은/는 책을 읽은 후 생각을 자유롭게 적은 글, [   ]은/는 그 책에 대한 내용이나 가치를 평가하는 글입니다.

(2) [   ] 기사문은 아나운서가 전체적인 내용을 소개하고 기자가 자세한 내용을 높임말로 말하듯이 소개하지만, [   ] 기사문은 기자가 전체적인 내용을 소개하고 글을 쓸 때 사용하는 말로 씁니다.

2 책에 대한 가치를 평가한 글에 ○표 하세요.

(1) 이 책은 누구나 반장에 도전하게 하는 책이다.   (   )

(2) 이 책은 차별의 순간을 만날 때 옳은 것을 말할 수 있는 용기를 주는 책이다.   (   )

(3) 이 책의 제목을 보자마자 '이를 어쩌나'하고 걱정이 되었다.   (   )

(4) 이 책에는 로운이뿐 아니라 다양한 인물이 나온다.   (   )

3 글을 쓰는 순서에 맞게 기호를 쓰시오.

(1) **뉴스 기사문**

㉠ 제목   ㉡ 기사의 자세한 내용
㉢ 아나운서의 요약

(   ) → (   ) → (   )

(2) **신문 기사문**

㉠ 표제-큰 제목   ㉡ 본문-자세한 내용
㉢ 부제-작은 제목   ㉣ 전문-전체 기사 요약
㉤ 해설-덧붙이는 부분

(   ) → (   ) → (   ) → (   ) → (   )

56 쓰기가 문해력이다

사라진
동상 찾기

박물관에 전시되어 있던 동상이 사라졌어요. 누구의 동상이 사라졌는지 써 보세요.

힌트: 전시장 안의 소개 그림과 기자의 인터뷰 내용을 잘 살펴보세요.

10월 2일, 미술품 전시장에서 전시 중이던 작품 하나가 깜쪽같이 사라졌습니다. 현장에 나가 있는 김○○ 기자를 불러 보겠습니다.

전시 중 사라진 동상

현장에서 관람객을 만나 보겠습니다.

멋진 태양의 신을 보려고 왔는데 아쉬워요. 달의 여신 아르테미스와 쌍둥이 남매 신이라서 같이 보고 싶었거든요.

포세이돈

아르테미스

아폴론

3주차

의견을 나타내는 글

우리 친구들이 그리스 신전 앞에서 철학자를 만나 토론을 하나 봐요. 친구들마다 생각이 다르지요? 이런 생각을 **의견** 또는 **주장**이라고 하는데, 다른 의견을 가진 친구를 **설득**하려면 어떻게 해야 할까요? 왜 나의 생각이 옳은지 그렇게 생각하는 **근거를 들어** 자신의 주장을 펼쳐야 한다고 알려 줄까요?

제안하는 글쓰기

❀ 흐리게 쓴 글자를 한번 따라 써 보면 글쓰기에 도움이 됩니다.

 어떻게 쓸까요

> 제안하는 글에는 문제 상황과 제안하는 내용, 제안하는 까닭, 제안한 내용대로 했을 때 무엇이 나아지는지가 들어가.

🏷 **문제 상황 떠올리기** 우리 주변에서 일어나는 문제 상황을 떠올려 봅니다.

물을 함부로 사용한다.

무단 횡단을 한다.

쓰레기를 함부로 버린다.

🏷 **내용 정리하기** 문제 상황 중에서 한 가지를 정하여 제안하는 글을 쓸 때 들어갈 내용을 정리해 봅니다.

문제 상황	어떤 문제가 있는지 자세히 써요. 친구들과 놀이터에 갔는데, 쓰레기가 많이 떨어져 있었다.
제안 내용 (의견)	문제를 해결하기 위한 자신의 제안을 써요. 놀이터에 쓰레기를 함부로 버리지 말자
제안하는 까닭	왜 그런 제안을 했는지 까닭을 써요. 1. 쓰레기가 많으면 마음의 안정을 얻을 수 없다. 2. 아이들의 건강에 좋지 않다.
제안하는 대상	제안하는 글을 읽을 사람이 누구인지 생각해요. 놀이터에 오는 사람들
나아지는 점	제안대로 했을 때 나아지는 상황을 써요. 놀이터에 쓰레기를 버리지 않으면 놀이터를 이용하는 사람들이 편안하게 휴식을 취하고 놀이를 즐길 수 있을 것이다.

제안하는 글은 문제 상황과 문제 해결 방안을 여러 사람에게 알려 더 좋은 쪽으로 문제를 해결하기 위하여 쓰는 글이에요.

🔖 **글로 써 보기** 정리한 내용을 바탕으로 제안하는 글을 써 봅니다.

놀이터에 쓰레기를 함부로 버리지 맙시다

문제 상황 우리는 친구들과 놀이터에서 많은 시간을 보냅니다. 아이들은 놀이터에서 놀이 기구를 사용하여 놀고, 어른들은 의자에 앉아 휴식을 취하기도 합니다. 그런데 놀이터에 과자 봉지와 음료수 병 등 쓰레기가 함부로 버려져 있어서 불쾌한 느낌을 받은 적이 많습니다.

제안 내용
제안하는 까닭 놀이터를 사용하는 사람들이 놀이터에 쓰레기를 버리지 않으면 좋겠습니다. 놀이터는 많은 사람이 휴식을 취하거나 놀이하는
제안하는 대상 공간인데 쓰레기가 많으면 마음의 안정을 얻을 수 없습니다. 깨끗하지 않은 놀이터는 이곳을 가장 많이 이용하는 아이들의 건강에도 좋지 않습니다.

나아지는 점 놀이터는 우리들의 소중한 공간입니다. 놀이터에 쓰레기를 버리지 않으면 놀이터를 이용하는 사람들이 편안하게 휴식을 취하고 놀이를 즐길 수 있을 것입니다.

제안하는 글을 쓸 때에는 읽는 사람이 누구인지 생각하고, 읽는 사람이 실천할 수 있는 내용인지도 살펴봐야 해.

문제 상황 떠올리기 학급에서 일어나는 문제 상황을 떠올려 보세요.

칠판에 낙서를 한다.

학급 문고를 정리하지 않는다.

교실에서 공놀이를 한다.

제안하는 글에는 문제 상황과 제안하는 내용,
제안하는 까닭, 제안한 내용대로 했을 때
무엇이 나아지는지가 들어가.

내용 정리하기 문제 상황 중에서 한 가지를 정하여 제안하는 글을 쓸 때 들어갈 내용을 정리해 보세요.

문제 상황	어떤 문제가 있는지 자세히 써요.
제안 내용 (의견)	문제를 해결하기 위한 자신의 제안을 써요.
제안하는 까닭	왜 그런 제안을 했는지 까닭을 써요.
제안하는 대상	제안하는 글을 읽을 사람이 누구인지 생각해요.
나아지는 점	제안대로 했을 때 나아지는 상황을 써요.

제안하는 글을 쓸 때에는
읽는 사람이 누구인지 생각하고,
읽는 사람이 실천할 수 있는
내용인지도 살펴봐야 해.

주장하는 글쓰기 1

❀흐리게 쓴 글자를 한번 따라 써 보면 글쓰기에 도움이 됩니다.

어떻게 쓸까요

🏷️ 생각 모으기 다음 그림을 보고 떠오르는 생각을 써 봅니다.

급식 시간
• 영양소
• 맛있다
• 건강
• 맛있는 반찬
• 먹기 싫은 반찬

음식물 쓰레기
• 환경 문제
• 냄새
• 처리 비용
• 자원 낭비

음식 쓰레기

| 문제 상황 | • 급식을 남기는 학생이 많다. • 음식물 쓰레기가 많이 나온다. |

의견을 뒷받침하는 까닭이 적절한지 생각해 보아야 해.
글을 쓰기 전에 알맞은 근거를 찾아 자료를 정리해 보면 좋아.

🏷️ 내용 정리하기 떠오른 생각을 바탕으로 나의 주장과 근거를 정리하여 봅니다.

| 주장 | 급식을 남기지 말자 |

| 까닭 1 | 급식은 영양이 골고루 들어 있어서 다 먹는 것이 건강에 좋다. |

뒷받침 자료

학교에는 영양사 선생님이 계신다. 영양사 선생님은 학생들이 섭취해야 하는 5대 영양소를 기초로 식단표를 작성하고, 싱싱한 식품 재료를 선정하여 우리에게 필요한 영양분이 들어간 음식을 제공해 주신다.

| 까닭 2 | 급식 후 나오는 음식물 쓰레기는 환경에 좋지 않고, 자원이 낭비된다. |

뒷받침 자료

• 음식물 쓰레기는 분해되면서 온실가스가 배출되고, 고농도 폐수가 나와 수질 오염이 된다.
• 2016년 약 233억 원, 2017년 약 233억 원, 2018년 약 240억 원, 2019년 약 314억 원으로 학교 급식 음식물 처리 비용이 늘어나고 있다.

주장하는 글은 어떤 주제에 대한 자기의 생각이나 주장을 내세워 다른 사람을 설득하는 글이에요. 주장하는 글에는 글쓴이의 주장과 이를 뒷받침하는 근거가 있어야 해요.

> 주장하는 글은 '서론-본론-결론'으로 구성되어 있어. 서론에서는 글을 쓰게 된 문제 상황과 글쓴이의 의견을 밝히고, 본론에서는 의견에 대한 까닭을 제시하고, 결론에서는 주장을 다시 한번 강조해.

글로 써 보기 정리한 내용을 바탕으로 주장하는 글을 써 봅니다.

급식을 남기지 말자

서론
글을 쓰게 된 문제 상황

학교에서 학생들이 가장 기다리는 시간은 급식 시간이다. 오전 내내 공부하면서 지치고 힘든 체력을 보충할 수 있기 때문이다. 그러나 자신이 좋아하지 않는 급식 메뉴가 나왔을 때 음식을 다 먹기보다는 남겨서 버리는 경우가 많다. 그러나 급식을 남기기 전에 생각해야 할 것들이 있다.

본론
까닭과 근거

첫째, 급식은 영양이 골고루 들어간 식단이어서 남기지 말고 먹는 것이 건강에 좋다. 영양사 선생님께서는 성장기 학생들이 섭취해야 하는 탄수화물, 단백질, 지방, 비타민과 무기질, 칼슘의 5대 영양소를 골고루 섭취할 수 있도록 식단표를 짜고, 좋은 재료로 점심 한 끼를 만들어 주신다. 이렇게 만들어진 급식을 남기면 영양소를 골고루 섭취할 수 없고 성장에도 문제가 생길 수 있다.

둘째, 급식 쓰레기는 환경에 좋지 않고, 자원이 낭비된다. 음식물 쓰레기는 분해되면서 온실가스가 배출되고 폐수가 나온다. 온실가스는 지구 온난화를 가속화하고, 폐수는 물을 오염시켜 동물들이 해를 입는다. 뿐만 아니라 ○○일보의 보도 자료에 의하면, 2019년 기준으로 약 314억 원이라는 음식물 쓰레기 처리 비용이 들었으며, 해마다 늘어나고 있다고 한다.

결론
주장, 강조

그러므로 급식을 남기지 말아야 한다. 나의 건강과 지구의 건강을 위해 골고루 남김없이 급식을 먹자.

💬 생각 모으기 │ 다음 그림을 보고 떠오르는 생각을 써 보세요.

비대면 상황

스마트폰 과다 사용

문제 상황

> 의견을 뒷받침하는 까닭이 적절한지 생각해 보아야 해. 글을 쓰기 전에 알맞은 근거를 찾아 자료를 정리해 보면 좋아.

💬 내용 정리하기 │ 떠오른 생각을 바탕으로 나의 주장과 근거를 정리해 보세요.

주장

까닭 1

뒷받침 자료

까닭 2

뒷받침 자료

정리한 내용을 바탕으로 주장하는 글을 써 보세요.

주장하는 글은 '서론-본론-결론'으로 구성되어 있어. 서론에서는 글을 쓰게 된 문제 상황과 글쓴이의 의견을 밝히고, 본론에서는 의견에 대한 까닭을 제시하고, 결론에서는 주장을 다시 한번 강조해.

주장하는 글쓰기 2

🌸 흐리게 쓴 글자를 한번 따라 써 보면 글쓰기에 도움이 됩니다.

🏷 **내용 정리하기** 다음 그림을 보고 원인과 결과를 생각해 보고, 자신의 의견을 정리해 봅니다.

원인	사람들이 플라스틱 쓰레기를 많이 사용하고, 함부로 버린다.
결과	플라스틱 섬이 생겼다. 플라스틱 쓰레기가 지구의 환경을 위협한다.

⬇

의견	플라스틱 쓰레기를 줄이자.

> 주장하는 내용에 대한 원인과 결과의 짜임이 알맞은지 생각하며 글을 구성해야 해.

🏷 **자료 정리하기** 의견을 바탕으로 내용에 알맞은 뒷받침 자료를 정리해 봅니다.

의견(주장)	플라스틱 쓰레기를 줄이자

원인	플라스틱 생활용품을 애용하였지만, 쓰레기 처리와 쓰레기섬에 대해서는 미처 생각하지 못했다.

원인의 뒷받침 자료
• 플라스틱은 잘 깨지지 않고, 형태 변형이 쉬우며, 가벼워서 우리 생활에 많이 쓰이는 편리한 소재이다. 빨대나 컵과 같은 일회용 용기를 만들고, 식품의 저장 용기, 장난감과 인형의 재료 등으로 편리하게 쓰인다.
• 땅속에서 플라스틱의 자연 분해 기간은 500년 이상이다.

결과	플라스틱은 쓰레기가 되어 지구의 환경을 위협하고 사람에게 돌아왔다.

결과의 뒷받침 자료
• 쓰레기섬의 플라스틱이 태양에 의해 녹으면서 온실가스가 배출되고 잘게 부서진 플라스틱을 먹은 해양 생물이 질병을 일으키는 것이다.

원인과 결과를 들어 주장하는 글에서 '원인'은 어떤 사물 또는 상태를 변화시키거나 일으키게 하는 일이나 사건이에요. '결과'는 이러한 원인의 결말이에요. 원인이 있어서 결과가 있는 것이지요.

> 결과에는 원인이 있고, 원인에는 결과가 있어.
> 그리고 결과는 다음 사건의 원인이 되기도 해. 주장하는 글에서
> 하나의 원인과 결과만 나타날 수 있는 것은 아니야.

글로 써 보기 정리한 내용을 바탕으로 원인과 결과를 들어 주장하는 글을 써 봅니다.

플라스틱 쓰레기를 줄이자

서론
문제 상황

북태평양 바다 위에서 지도에는 없는 섬이 발견되었다. 1997년 요트 선수인 찰스 무어가 시합 중에 발견한 섬의 모습은 처참했다. 섬 전체가 쓰레기였기 때문이다. 바닷속에 버려진 쓰레기들이 순환 해류를 타고 모이면서 우리나라 면적의 약 7배 크기의 쓰레기섬이 된 것이다. 바람과 파도에 의해 바다로 유입된 쓰레기는 대부분이 플라스틱이라고 한다.

본론
원인과
결과

플라스틱은 편리한 소재이다. 빨대나 컵과 같은 일회용 용기, 식품의 저장 용기, 장난감과 인형 등의 재료로 다양하게 쓰인다. 사람들은 편리한 플라스틱 생활용품을 애용하지만, 이것이 땅에서 자연 분해되는 시간은 500년 이상이 걸린다는 사실은 생각하지 못한다. 땅에 들어가지 못한 플라스틱이 바다에서 해류를 타고 쓰레기섬을 만들 것이라고는 아무도 생각하지 못한다.

쓰레기섬의 플라스틱은 태양에 의해 녹으면서 온실가스를 배출한다. 파도에 의해 잘게 부서진 플라스틱이 해양 생물의 먹이가 되고, 플라스틱을 먹은 해양 생물은 질병을 일으킨다. 그 해양 생물을 먹는 사람도 질병을 일으킨다. 사람의 편리를 위해 만든 플라스틱은 오히려 쓰레기가 되어 지구의 환경을 위협하고 결국 사람에게로 돌아왔다.

결론
주장, 강조

우리는 플라스틱 쓰레기를 줄여야 한다. 일회용 플라스틱 용품보다는 재사용할 수 있는 생활용품으로 바꾸어야 한다. 플라스틱 쓰레기를 줄이는 길이 나를 위한 길이고, 우리 지구를 위한 길이다.

🏷️ 의견 정리하기 다음 그림을 보고 원인과 결과를 생각해 보고, 자신의 의견을 정리해 보세요.

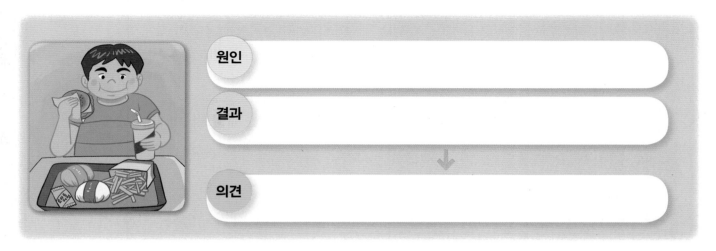

원인

결과

↓

의견

주장하는 내용에 대한
원인과 결과의 짜임이 알맞은지 생각
하며 글을 구성해야 해.

🏷️ 자료 정리하기 의견을 바탕으로 내용에 알맞은 뒷받침 자료를 정리해 보세요.

의견(주장)

원인

원인의 뒷받침 자료

결과

결과의 뒷받침 자료

결과에는 원인이 있고, 원인에는 결과가 있어.
그리고 결과는 다음 사건의 원인이 되기도 해. 주장하는 글에서
하나의 원인과 결과만 나타날 수 있는 것은 아니야.

선거 유세문 쓰기

● 흐리게 쓴 글자를 한번 따라 써 보면 글쓰기에 도움이 됩니다.

생각 정리하기 좋은 학교를 만들기 위해서 전교 회장이 할 일을 생각해 봅니다.

학생 대상 공약

• 친구들과 소통하는 행사를 만들어 친구들과의 문제를 줄인다.
• 친구들의 의견을 잘 듣고 불편한 점이 무엇인지 살핀다.
• 재미있는 학교 행사를 추진한다.

전교 회장

학교 대상 공약

• 비 오는 날 우산을 안 가져온 친구들에게 우산을 대여한다.
• 화장실 칸마다 휴지를 걸어둔다.
• 학생들이 느끼는 불편함을 정리하여 학교와 소통한다.

> 전교 회장이 실천할 수 있는 선거 공약을 말해야 친구들을 설득할 수 있어.

내용 정리하기 생각한 것을 바탕으로 전교 회장 선거 공약을 정리해 봅니다.

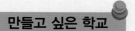
만들고 싶은 학교

걱정이 없는 학교 만들기

공약

• 비가 와도 걱정이 없도록 우산 대여 시설 설치하기
• 화장실 칸마다 휴지 설치로 휴지 걱정 없는 화장실 만들기
• 상담실을 만들어 교우 관계 걱정 없는 학교 만들기
• 고민되는 부분을 같이 이야기하여 걱정 없는 학교 만들기

🖊 '유세문'은 독자의 감정에 호소하여 자기의 의사에 따르게 할 목적으로 쓴 글이에요. 일정한 집단의 대표
자를 뽑는 선거에서 연설을 통해 자기주장을 널리 알리기 위해 쓴 글이 선거 유세문이에요.

🖊 **글로 써 보기**   정리한 내용을 바탕으로 전교 회장 선거 유세문을 써 봅니다.

전교 회장 선거 유세문

처음
나온 까닭

안녕하십니까? 저는 전교 회장 후보로 나온 기호 1번 김유영입니다.

여러분은 어떤 학교를 원하십니까? 공부 열심히 하는 학교를 원하십니까? 친구들과 사이좋게 지내는 학교를 원하십니까?

저는 걱정이 없는 학교를 만들기 위해 이 자리에 섰습니다.

중간
공약
·
관심을
끄는 말

여러분은 갑자기 비 오는 날 우산이 없어서 걱정한 적이 있으신가요? 화장실에 휴지가 없어서 걱정한 적은 없으신가요? 친구 때문에 걱정한 적은 있다고요?

제가 회장이 된다면 우선 학교 차원에서 우산 대여 시설을 설치하여 우산을 안 가져온 친구의 걱정을 덜어드리겠습니다. 또한, 화장실 입구에만 있었던 휴지를 칸마다 설치하는 것을 건의하여 휴지 걱정 없는 화장실을 만들겠습니다. 상담실 선생님과 협의하여 상담실을 많이 만들어 친구 때문에 걱정하는 교우들과 소통하겠습니다. 끝으로 여러분의 걱정을 들어 주는 전교 회장이 되겠습니다. 여러분들과 걱정되는 부분을 같이 이야기하여 걱정 없는 즐거운 학교를 만들어 가겠습니다.

끝
마무리
·
강조

저를 전교 회장으로 뽑아 주신다면 친구들이 걱정하는 것을 그냥 지나치지 않고, 걱정 없는 학교를 만들기 위해 노력하겠습니다. 감사합니다.

> 선거 유세문에서는
> 자신이 어떤 선거에 나왔는지,
> 자신이 누구인지 밝혀야 해.

생각 정리하기 좋은 학급을 만들기 위해서 학급 회장이 할 일을 생각해 보세요.

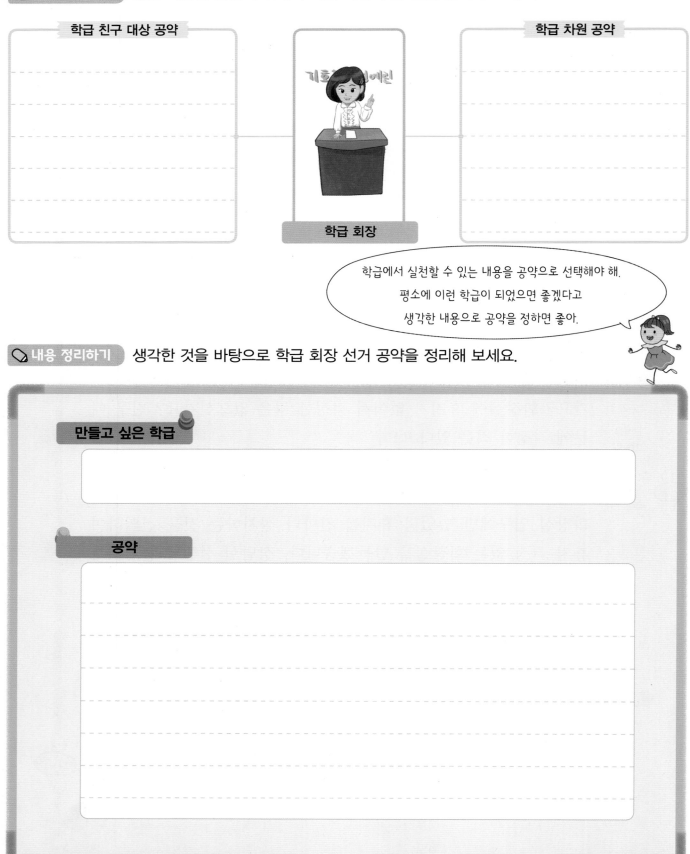

학급 친구 대상 공약

학급 차원 공약

학급 회장

학급에서 실천할 수 있는 내용을 공약으로 선택해야 해.
평소에 이런 학급이 되었으면 좋겠다고
생각한 내용으로 공약을 정하면 좋아.

내용 정리하기 생각한 것을 바탕으로 학급 회장 선거 공약을 정리해 보세요.

만들고 싶은 학급

공약

선거 유세문에서는
자신이 .어떤 선거에 나왔는지,
자신이 누구인지 밝혀야 해.

연설문 쓰기

❀흐리게 쓴 글자를 한번 따라 써 보면 글쓰기에 도움이 됩니다.

어떻게 쓸까요

> 뒷받침하는 근거를 검색해서 찾아봐! 근거가 정확해야 설득력이 있어.

🏷 **생각 정리하기** 다음 그림을 보고 떠오르는 생각을 자유롭게 써 봅니다.

• 전기 절약을 해야 한다.
• 환경 보호를 해야 한다.

• 지구 사랑 방법을 생각하자.
• 지구촌 행사에 참여하자.

• 지구 온난화가 심해진다.
• 탄소 배출이 심각하다.

• 기후 변화가 곳곳에서 일어난다.

🏷 **내용 정리하기** 생각한 것을 바탕으로 나의 주장과 근거를 정리하여 봅니다.

제목	연설하고 싶은 내용을 써요.
	지구촌 불 끄기 운동에 참여합시다

처음 듣는 이의 관심을 끄는 말과 하려는 이야기를 써요.

• 1년에 한 번, 우리 모두 한 시간만 불을 끈다면 어떤 일이 일어날까요? 불 끄기 운동에 참여합시다.
• 불 끄기 운동은 2007년 호주에서 시작된 운동으로, 지구의 기후 변화에 대응하고 환경 보호를 위해 노력하자는 운동입니다.

중간 설득하려는 내용의 까닭을 밝혀요. 설득을 뒷받침하는 근거를 조사하여 구체적으로 제시해요.

• 지구 온난화에 대응하는 일입니다. 지구 온난화는 전기 사용으로 인한 탄소 배출로 지구의 온도가 상승하는 것입니다.
• 모두가 동참하면 지구 온난화를 늦출 수 있습니다. 2012년 서울에서 실시한 불 끄기 행사에는 약 60만 개의 건물이 참여하여 23억 원의 에너지를 절약한 사례가 있습니다.

끝 설득하려는 내용을 종합하고 듣는 이의 변화를 이끌기 위해서 희망적인 마무리를 해요.

  3월 마지막 토요일, 저녁 8시 30분부터 시작하는 지구촌 불 끄기 운동에 모두 참여하여 우리의 작은 실천으로 아름다운 지구를 지킵시다.

'연설'은 여러 사람 앞에서 자기의 주장을 이야기하는 것이에요. 이렇게 연설을 하기 위해 쓴 글을 '연설문' 이라고 해요. 연설문은 공식적인 말하기로, 여러 사람 앞에서 말하는 상황이므로 높임 표현을 써야 해요.

> 연설문은 여러 사람 앞에서 연설하기 위해 쓰는 글이므로 제일 먼저 자신이 누구인지 밝혀야 해.

글로 써 보기 정리한 내용을 바탕으로 연설문을 써 봅니다.

지구촌 불 끄기 운동에 참여합시다

처음
관심 끌기

안녕하십니까? 저는 ○○초등학교 5학년 이승현입니다. 1년에 한 번, 우리 모두 한 시간 동안 불을 끈다면 어떤 일이 일어날까요? 아주 큰 일이 일어납니다. 바로 소나무 112만 그루 이상을 심는 효과가 일어납니다.

중간
까닭 1.
까닭 2

저는 오늘 여러분과 '지구촌 불 끄기 운동, 지구를 위한 한 시간'을 함께하고자 이 자리에 섰습니다. 이 운동은 3월 마지막 토요일, 저녁 8시 30분부터 한 시간 동안 전깃불을 끄는 운동입니다. 2007년 호주에서 시작된 이 운동은 현재 지구촌의 188개 국 이상이 함께 참여하고 있습니다.

지구촌 불 끄기 운동은 지구 온난화 대응을 위한 일입니다. 지구 온난화란 전기 사용으로 인한 탄소 배출로 지구의 온도가 상승하는 것입니다. 지구 온난화로 빙하가 녹으면서 지구촌 곳곳에서 평소 날씨와 다른 폭설, 홍수, 기온 상승 등 기후 변화가 일어나 많은 사람에게 피해를 주고 있습니다.

그런데 지구촌 불 끄기 운동에 우리 모두가 동참한다면 지구 온난화를 늦출 수 있습니다. 1년에 한 번 1시간의 전기 절약이 기후 변화를 막을 수 있느냐고요? 2012년에 서울에서 실시한 불 끄기 행사에서는 서울의 남산 타워, 기업과 일반 가정 등 약 60만 개의 건물이 참여하여 약 23억 원의 에너지를 절약했다고 합니다. 전 세계에서 참여한다면 엄청난 에너지가 절약되는 것입니다.

끝
주장, 강조

여러분, 3월 마지막 토요일 저녁 8시 30분부터 시작하는 지구촌 불 끄기 행사에 모두 참여합시다. 우리의 작은 실천이 아름다운 지구를 지킬 수 있습니다. 들어주셔서 감사합니다.

이렇게 써 봐요

생각 정리하기 다음 그림을 보고 떠오르는 생각을 자유롭게 써 보세요.

> 설득하려는 내용이나 까닭에 알맞은 근거를 찾아,
> 구체적으로 제시하면 좋아. 설득하려는 내용과 관련하여
> 글쓴이의 관심을 끌 만한 내용도 찾아봐.

내용 정리하기 생각한 것을 바탕으로 연설문에 들어갈 내용을 정리해 보세요.

제목	연설하고 싶은 내용을 써요.

처음	듣는 이의 관심을 끄는 말과 하려는 이야기를 써요.

중간	설득하려는 내용의 까닭을 밝혀요. 설득을 뒷받침하는 근거를 조사하여 구체적으로 제시해요.

끝	설득하려는 내용을 종합하고 듣는 이의 변화를 이끌기 위해서 희망적인 마무리를 해요.

정리한 내용을 바탕으로 연설문을 써 보세요.

연설문은 여러 사람 앞에서
연설하기 위해 쓰는 글이므로
제일 먼저 자신이 누구인지 밝혀야 해.

1 빈칸에 알맞은 말을 보기 에서 찾아 쓰세요.

보기   주장   선거   결과   설득   해결   원인

(1) 제안하는 글은 문제 상황과 해결 방법을 여러 사람에게 알려 더 좋은 쪽으로 문제를 [   ] 하기 위하여 쓰는 글입니다.

(2) 주장하는 글은 자신의 주장을 짜임새 있게 밝혀 다른 사람을 [   ] 하기 위한 글입니다.

(3) [   ] 은/는 어떤 사물 또는 상태를 변화시키거나 일으키게 하는 일이나 사건입니다. [   ] 은/는 이러한 원인의 결말입니다.

(4) 선거 유세문은 일정한 집단의 대표자를 뽑는 [   ] 에서 자기 주장을 널리 알리기 위한 연설을 하기 위하여 쓴 글입니다.

(5) 연설은 여러 사람 앞에서 자기의 [   ] 을 이야기하는 것이에요. 이렇게 연설을 하기 위해 쓴 글을 연설문이라고 합니다.

2 글을 쓰는 순서에 맞게 기호를 쓰세오.

(1) 제안하는 글

㉠ 문제 상황   ㉡ 제안하는 까닭이나 내용
㉢ 제안이 받아들여졌을 때 나아지는 점

(   ) → (   ) → (   )

(2) 주장하는 글

㉠ 의견에 대한 까닭 제시   ㉡ 주장을 다시 한번 강조
㉢ 글을 쓰게 된 문제 상황과 글쓴이의 의견

(   ) → (   ) → (   )

환경 시계
되돌리기

🐣 지구의 미래 환경을 걱정하는 사람들이 많아요. 환경위기시계를 뒤로 돌리기 위해 할 수 있는 일을 제안해 보세요.

힌트: 생활 속에서 실천할 수 있는 작은 것들부터 생각해 보세요.

10대 환경 운동가 크레타 툰베리, 미국 뉴욕에서 열린 UN 기후행동 정상회의에서 연설

2021년 우리나라의 환경위기시계

우리가 할 수 있는 일

4주차

형식을 바꾸어 쓴 글

이야기를 동시로 써서 노래로 만들었어.

무엇을 쓸까요

동물 나라 친구들이 자신들이 읽은 동화책 내용으로 연극을 꾸며 보여 주고 있나 봐요!
동화책을 동시로 쓰기도 하고, **동시를 이야기로** 쓰기도 하고, 또 노래로 만들기
도 한다면 문학 작품을 더 **감동 깊게 느낄 수** 있을 거 같지요?

동시를 이야기로 쓰기

🍀흐리게 쓴 글자를 한번 따라 써 보면 글쓰기에 도움이 됩니다.

🏷️ **장면 떠올리기** 다음 동시를 읽어 보고, 장면을 떠올려 봅니다.

공부 시간	딩동댕 늘어지는 공부 시간 시작하자마자 쉬는 시간 생각 '뭐 하고 놀까?' 딱지치기, 사방치기, 팽이치기? "뭐 하니?" '앗, 들켰다!'	딩동댕 공부 시간 끝 "휴, 살았다!" 살아나는 쉬는 시간 시작!

> 이야기의 제목은 내가 말하고자 하는 내용이 드러나게 정해야 해. 인물, 사건, 배경을 정리해 보고 나중에 붙여도 돼!

🏷️ **내용 정리하기** 떠오르는 장면을 생각하며, 동시 '공부 시간'을 이야기의 형식에 맞춰 정리해 봅니다.

말하는 사람	내 짝을 보고 있는 나
배경	공간적 배경 – 교실 / 시간적 배경 – 공부 시간
등장인물	딱지치기에 빠져 있는 나와 짝 용수, 선생님
사건	**발단** 공부 시간 시작종이 쳐서 치던 딱지를 정리하고 책을 편다. **전개** 공부 시간이 되자 용수는 서랍 안의 딱지를 만지작거린다. **절정** 선생님께서 내 짝 용수를 보고는 다가온다. **결말** 공부 시간이 끝나는 종이 울린다.
제목	용수를 구한 쉬는 시간 종소리

동시는 간결하고 리듬이 있는 언어로 표현한 글이지만, 이야기는 줄거리를 가지고 있는 글이에요. 이야기는 구체적인 시간과 장소라는 배경 안에서 인물들이 사건을 끌고 가지요.

> 이야기의 3요소는 인물, 배경, 사건이야.
> 사건은 발단, 전개, 절정, 결말의 흐름을 가지고 있어.

글로 써 보기 정리한 내용을 바탕으로 이야기를 써 봅니다.

용수를 구한 딩동댕~~ 종소리

발단   요즘 나는 내 짝 용수와 딱지치기에 빠져 있다. 쉬는 시간만 되면 둘이서 딱지치기를 한다. 오늘도 쉬는 시간에 정신없이 딱지를 치다가 공부 시간 종이 울렸다. 후다닥 딱지를 가방에 집어넣고 공부할 책을 폈다.

전개   한참을 지루하게 공부하고 있는데 용수가 서랍 안에 있는 딱지를 만지작거리고 있다. 아무래도 쉬는 시간에 나랑 벌일 딱지 대결을 생각하고 있는 것 같았다. 나는 용수가 선생님께 걸릴까 봐 조마조마했다.

"용수야, 뭐 하니?"

절정   드디어 올 것이 왔다. 선생님께서 용수에게 다가오셨다. 책상 안에 있는 딱지를 보시려는 듯했다. 용수의 얼굴이 창백해졌다. 나는 심장이 멈출 것 같았다.

"딩동댕~~."

"오늘은 여기까지. 용수야, 공부 시간에 집중을 좀 했으면 좋겠구나."

"네, 죄송해요 선생님. 딴짓 안 하고 열심히 할게요."

결말   다행이다. 쉬는 시간을 알리는 종소리가 용수를 구했다. 우리는 언제 그랬냐는 듯이 즐거운 얼굴로 딱지치기를 시작했다.

⌕ 장면 떠올리기 다음 동시를 읽어 보고, 장면을 떠올려 보세요.

공부 시간	

딩동댕   딩동댕
늘어지는 공부 시간   공부 시간 끝
시작하자마자 쉬는 시간 생각   "휴, 살았다!"

'뭐 하고 놀까?'   살아나는 쉬는 시간
딱지치기, 사방치기, 팽이치기?   시작!

"뭐 하니?"
'앗, 들켰다!'

> 이야기의 제목은 내가 말하고자 하는
> 내용이 드러나게 정해야 해. 인물, 사건, 배경을
> 정리해 보고 나중에 붙여도 돼!.

⌕ 내용 정리하기 떠오르는 장면을 생각하며, 동시 '공부 시간'을 이야기의 형식에 맞춰 정리해 보세요.

말하는 사람

배경

등장인물

사건
- 발단
- 전개
- 절정
- 결말

제목

이야기의 3요소는 인물, 배경, 사건이야.
사건은 발단, 전개, 절정, 결말의 흐름을
가지고 있어.

이야기를 동시로 쓰기

◆ 흐리게 쓴 글자를 한번 따라 써 보면 글쓰기에 도움이 됩니다.

어떻게 쓸까요

중심 글감 찾기 다음 이야기를 읽고, 동시로 쓸 부분에 색칠을 해 봅니다.

초대받지 못한 친구

나랑 친했던 친구 병수가 생일 초대를 한다는 소문이 돌았다. 나에게도 생일 초대를 할 줄 알았는데, 소식이 없다. 사실 나는 소심한 성격이라 병수 말고는 친구가 없다. 병수는 우리 반 친구들과 두루두루 친하게 지내는 성격이라 나를 친하다고 생각하지 않을 수도 있다.

드디어 병수 생일날이 왔다. 나는 아침 일찍 생일 선물을 들고 학교에 갔다. 그러나 하루 종일 아무 일도 없었다. 터벅터벅 교문을 나서려는데 우리 반에서 나만큼 조용한 도진이가 선물을 들고 있었다. 보아하니 나랑 같은 처지였나 보다. 나는 도진이와 눈이 마주쳤다. 도진이도 나도 서로의 마음을 이해하듯 미소를 지었다. 갑자기 도진이가 친하게 느껴졌다. 나는 용기를 내어 말했다.

"도진아, 우리 같이 놀래?"

"……, 그럴까?"

나는 도진이와 함께 우리 집에 갔다. 성격이 비슷해서 좋아하는 놀이도 취미도 같았다.

조립 장난감으로 가득 찬 나의 책장을 보고 도진이는 나에게 선물을 내밀었다. 병수에게 줄 선물인 줄 알고 있었지만 나에게 주어서 펼쳐 보았다. 조립 장난감이었다.

"푸하하! 나도 선물 줄게."

병수에게 줄 생일 선물이었지만 도진이에게 내밀었다. 또 다른 조립 장난감이었다. 우리 둘은 서로의 선물을 교환하여 열심히 조립하였다. 그리고 그때부터 도진이와 정말 친한 친구가 되었다.

> 비슷한 말을 어떻게 반복할지 생각해 보고 흉내 내는 말이나 빗대어 표현한 말을 넣어 쓰면 동시의 내용이 더 생생하게 느껴져.

내용 정리하기 동시로 표현하고 싶은 부분을 찾아 정리해 봅니다.

주제 (중심 생각)	→	친구에게 초대받지 못해도 실망하지 말자. 더 좋은 친구가 있다.
제재 (중심 글감)	→	더 좋은 친구
표현하고 싶은 부분	→	생일에 초대받지 못했지만, 더 좋은 친구를 사귀었다.

이야기는 줄거리를 가지고 있는 글이지만 동시는 간결하고 리듬 있는 언어로 표현한 글이에요. 동시는 짧은 글에 많은 내용이 담겨 있고 비유적 표현을 많이 써요.

글로 써 보기 '초대받지 못한 친구'를 읽고, 정리한 내용을 동시로 바꾸어 써 봅니다.

거울 같은 친구

너를 보면
반짝반짝 빛나는
거울 같다.

이 놀이 좋아
나도 그래

이 선물 좋아
나도 그래

눈이 마주치면
웃음이 나온다.

동시는 행과 연으로 되어 있어.
행은 동시의 한 줄이고, 그것들이 의미 있게
모인 덩어리를 연이라고 해.

중심 글감 찾기 다음 이야기를 읽고, 동시로 쓸 부분에 색칠을 해 보세요.

초대받지 못한 친구

나랑 친했던 친구 병수가 생일 초대를 한다는 소문이 돌았다. 나에게도 생일 초대를 할 줄 알았는데, 소식이 없다. 사실 나는 소심한 성격이라 병수 말고는 친구가 없다. 병수는 우리 반 친구들과 두루두루 친하게 지내는 성격이라 나를 친하다고 생각하지 않을 수도 있다.

드디어 병수 생일날이 왔다. 나는 아침 일찍 생일 선물을 들고 학교에 갔다. 그러나 하루 종일 아무 일도 없었다. 터벅터벅 교문을 나서려는데 우리 반에서 나만큼 조용한 도진이가 선물을 들고 있었다. 보아하니 나랑 같은 처지였나 보다. 나는 도진이와 눈이 마주쳤다. 도진이도 나도 서로의 마음을 이해하듯 미소를 지었다. 갑자기 도진이가 친하게 느껴졌다. 나는 용기를 내어 말했다.

"도진아, 우리 같이 놀래?"

"……, 그럴까?"

나는 도진이와 함께 우리 집에 갔다. 성격이 비슷해서 좋아하는 놀이도 취미도 같았다.

조립 장난감으로 가득 찬 나의 책장을 보고 도진이는 나에게 선물을 내밀었다. 병수에게 줄 선물인 줄 알고 있었지만 나에게 주어서 펼쳐 보았다. 조립 장난감이었다.

"푸하하! 나도 선물 줄게."

병수에게 줄 생일 선물이었지만 도진이에게 내밀었다. 또 다른 조립 장난감이었다. 우리 둘은 서로의 선물을 교환하여 열심히 조립하였다. 그리고 그때부터 도진이와 정말 친한 친구가 되었다.

> 비슷한 말을 어떻게 반복할지 생각해 보고 흉내 내는 말이나 빗대어 표현한 말을 넣어 쓰면 동시의 내용이 더 생생하게 느껴져.

내용 정리하기 동시로 표현하고 싶은 부분을 찾아 정리해 보세요.

주제 (중심 생각)	→
제재 (중심 글감)	→
표현하고 싶은 부분	→

글로 써 보기 '초대받지 못한 친구'를 읽고, 정리한 내용으로 동시를 써 보세요.

> 동시는 행과 연으로 되어 있어.
> 행은 동시의 한 줄이고, 그것들이 의미 있게
> 모인 덩어리를 연이라고 해.

동화를 극본으로 쓰기

🌸흐리게 쓴 글자를 한번 따라 써 보면 글쓰기에 도움이 됩니다.

어떻게 쓸까요

🏷 **구성 표시하기** 다음 동화를 읽고, 극본에 필요한 시간, 장소, 인물에 색칠을 해 봅니다.

삼년고개

옛날 어느 마을에 '삼년고개'라는 고개가 있었어요. 이 고개에서 넘어지면 삼 년만 살고 죽는다고 해서 삼년고개였지요.

어느 날, 할아버지 한 분이 조심조심 삼년고개를 지나려다, 그만 돌에 걸려 넘어지고 말았어요.

"어이쿠, 넘어졌네. 이를 어쩌나. 내가 이제 삼 년밖에 못 산다니, 아이고 억울해."

집으로 돌아온 할아버지는 그날부터 앓아눕기 시작하였어요.

"아이고, 영감, 이를 어째요? 아이고, 아이고."

할머니는 어찌할 바를 몰라 울고만 있었어요. 그때 손자가

"할아버지, 그럼 삼년고개에서 두 번 넘어지면 육 년 사는 건가요?"

"아이고, 영감! 삼년고개에서 계속 넘어지면 앞으로 오래오래 살 수 있겠어요. 어서 일어나서 삼년고개로 갑시다."

할아버지는 삼년고개로 서둘러 갔어요.

"육 년이요, 구 년이요, 십 이년이요……."

할아버지는 계속 넘어졌고, 오래오래 살았답니다.

> 극본은 배우의 동작이나 대사, 무대에 대한 설명이 구체적으로 적혀 있어. 때, 곳, 나오는 사람들을 먼저 생각해 보고 해설과 대사, 지문을 구분해서 써 봐.

🏷 **내용 정리하기** 동화를 극본으로 바꾸기 위한 내용을 정리해 봅니다.

때 (시간)	→ 옛날
곳 (장소)	→ 어느 마을
등장인물	→ 할아버지, 할머니, 손자
극본으로 바꾸기의 본보기	→ "어이쿠, 넘어졌네. 이를 어쩌나. 내가 이제 삼 년밖에 못 산다니, 아이고 억울해." 할아버지: (주저앉아 땅을 치며 울먹이는 소리로) 어이쿠, 넘어졌네. 이를 어쩌나. 내가 삼 년밖에 못 산다니, 아이고 억울해.

동화는 이야기를 들려주기 위해 쓴 글이지만 극본은 무대에서 공연하기 위하여 쓴 글이에요. 극본의 3요소는 해설, 지문, 대사예요.

해설은 때, 곳, 나오는 사람들, 무대를 설명하는 부분이고, 지문은 인물의 행동을 지시하는 부분이며, 대사는 인물의 말이야.

4
주차

1회
2회
3회
4회
5회

글로 써 보기 동화 '삼년고개'를 극본으로 바꾸어 써 봅니다.

삼년고개

해설 때: 옛날
곳: 삼년고개 앞, 할아버지 집
등장인물: 할아버지, 할머니, 손자

불이 켜지면 고개 앞에 '삼년고개'라고 쓰여 있다. 할아버지가 이 고개를 지나가다가 돌에 걸려 넘어진다.

대사, 지문 할아버지: (주저앉아 땅을 치며 울먹이는 소리로) 어이쿠, 넘어졌네. 이를 어쩌나. 내가 삼 년밖에 못 산다니, 아이고 억울해.

할아버지가 누워 있고, 할머니와 손자는 걱정스러운 얼굴로 앉아 있다.

할머니: (울면서) 아이고, 영감! 이를 어째요? 아이고, 아이고.
손자: (궁금한 표정으로) 할아버지, 그럼 삼년고개에서 두 번 넘어지면 육 년 사는 건가요?
할머니: (깜짝 놀라며) 아이고, 영감! 삼년고개에서 계속 넘어지면 앞으로 오래오래 살 수 있겠어요. 어서 삼년고개로 갑시다.

할아버지와 할머니, 손자가 삼년고개 앞에 서 있다.

할아버지: (삼년고개에서 계속 넘어지며) 육 년이요, 구 년이요, 십 이년이요. 오래오래 살겠구먼.

할아버지, 할머니, 손자가 모두 기뻐하는 모습을 마지막으로 무대의 불이 꺼진다.

구성 표시하기 다음 동화를 읽고, 극본에 필요한 시간, 장소, 인물에 색칠을 해 보세요.

호랑이와 곶감

옛날 어느 깊은 산속에 호랑이가 살았어요. 어느 날 호랑이는 먹이를 찾으러 마을까지 내려왔어요. 어슬렁어슬렁 마을을 돌아다니는데 아기 우는 소리가 들렸어요.

"아가야, 울지 마라. 울면 호랑이가 나타난다. 아이고, 무서워라."

호랑이는 아이를 달래는 엄마의 말을 듣고 깜짝 놀랐어요.

'내가 온 걸 어떻게 알았지?'

아기가 울음을 그치지 않자, 호랑이는 생각했어요.

'아니, 내가 온다고 해도 울음을 그치지 않다니, 겁이 없는 아이로군.'

"아가야, 울지 마라. 호랑이 말고, 곶감 줄게 울지 마라."

"응애, 응애, 응······."

아기는 곶감을 준다는 엄마의 말에 신기하게 울음을 그치기 시작했어요.

'곶감? 아이쿠, 곶감이 뭐지? 나보다 무서운 동물인가?'

그때 도둑이 담을 넘다가 그만 호랑이 등에 올라탔어요. 호랑이는 깜짝 놀라 달리기 시작했지요.

"헉, 곶감인가 보다. 내 등 뒤에 달라붙었어! 아이고 무서워라!"

담을 넘던 도둑도 깜짝 놀랐어요.

"호랑이가 날 잡아간다! 이를 어쩌나!"

호랑이는 도둑을 태우고 숲 쪽으로 달아났어요. 도둑은 살아남기 위해 있는 힘을 다해 호랑이 등에서 굴러떨어졌어요.

> 극본은 배우의 동작이나 대사, 무대에 대한 설명이 구체적으로 적혀 있어. 때, 곳, 나오는 사람들을 먼저 생각해 보고 해설과 대사, 지문을 구분해서 써 봐.

내용 정리하기 동화를 극본으로 바꾸기 위한 내용을 정리해 보세요.

때 (시간)	→

곳 (장소)	→

등장인물	→

극본으로 바꾸기의 본보기	→

해설은 때, 곳, 나오는 사람들,
무대를 설명하는 부분이고, 지문은 인물의 행동을
지시하는 부분이며, 대사는 인물의 말이야.

극본을 동화로 바꾸기

🍂흐리게 쓴 글자를 한번 따라 써 보면 글쓰기에 도움이 됩니다.

어떻게 쓸까요

🏷 **구성 표시하기** 극본을 읽으면서 이야기로 바꾸어 쓸 해설과 대화 부분에 색칠해 봅니다.

황금알을 낳는 거위

때: 옛날　　　　　곳: 농부의 집　　　　　나오는 사람들: 농부, 농부의 부인, 거위 장사

농부는 장에서 돌아오다가 거위 장사를 보고 멈추어 선다.

> 거위 장사: (큰 소리로) 거위 사세요. 거위 사세요. 아주 신기한 거위랍니다.
>
> 농부: (궁금한 듯이) 신기한 거위요? 한 마리 주세요.

거위 앞에 부부가 서 있다. 부인은 황금알을 들고, 농부는 황금알 바구니를 들고 있다.

> 부인: (놀란 듯이 황금알을 이리저리 보며) 이게 진짜 황금알 맞아요?
>
> 농부: (황금알 바구니를 들고 기뻐하며) 황금알 맞아요! 날마다 한 알씩 황금알이라니! 우리는 부자
> 　　　가 되겠어!

부자가 된 농부의 집. 부부가 거위를 보고 있다.

> 농부: (찡그린 표정으로) 날마다 한 알이 뭐람. 한꺼번에 여러 개를 낳으면 좋으련만.
>
> 부인: (궁금한 표정으로) 거위의 배 안에는 얼마나 많은 황금알이 들어 있을까요?
>
> 농부: (고민하는 모습으로) 거위의 배를 가르면 황금알을 한꺼번에 가질 수 있지 않을까?
> 　　　(거위의 배를 가르며) 아니? 아무것도 없잖아?
>
> 부인: (통곡하며) 아이고, 너무 욕심을 부렸네. 아까운 내 황금알.

> 극본을 동화로 바꿀 때 해설의 내용은
> 이야기로 표현하고, 대사와 지문은 대화나
> 이야기의 상황으로 표현할 수 있어.

🏷 **내용 정리하기** 동화를 극본으로 바꾸기 위한 내용을 정리해 봅니다.

해설 부분 바꿔 보기	→ 옛날 어느 마을에 가난한 농부 부부가 살았어요.
대사 부분 바꾸기의 본보기	→ 거위 장사: (큰 소리로) 거위 사세요. 거위 사세요. 아주 신기한 거위랍니다. 　　농부: (궁금한 듯이) 신기한 거위요? 한 마리 주세요. 　　"거위 사세요. 거위 사세요. 아주 신기한 거위랍니다." 　　농부는 거위 장사의 큰 목소리를 듣고 신기한 거위가 궁금했어요. 그래서 한 마리를 사서 집 으로 돌아왔지요.

극본은 무대에서 공연하기 위해 쓴 글이지만 동화는 어린이에게 들려주기 위하여 어린이의 마음을 바탕으로 지은 이야기예요. 동화는 대체로 교훈적인 내용으로 되어 있어요.

장면이 바뀌는 경우, 시간을 나타내는 말을 써 줘. 극본에 생략되어 있는 내용은 상상력을 발휘해서 넣어 주면 좋아.

4주차
1회
2회
3회
4회
5회

글로 써 보기 극본 '황금알을 낳는 거위'를 동화로 바꾸어 써 봅니다.

황금알을 낳는 거위

옛날 어느 마을에 가난한 농부 부부가 살았어요. 부부는 농사를 지어 장에 내다 팔아 번 돈으로 겨우 살아가고 있었어요.

어느 날 농부는 장에서 집으로 돌아오는 길에 거위 장사를 보았어요.

"거위 사세요. 거위 사세요. 아주 신기한 거위랍니다."

농부는 거위 장사의 큰 목소리를 듣고 신기한 거위가 궁금했어요. 그래서 한 마리를 사서 집으로 돌아왔지요.

그런데 신기한 일이 일어났어요. 거위가 황금알을 낳은 거예요. 거위는 날마다 황금알 한 알씩을 낳았어요.

"이거 진짜 황금알 맞아요?"

"맞아! 날마다 한 알씩 황금알을 낳다니! 우리는 부자가 되겠어!"

가난한 농부 부부는 황금알을 신기하게 쳐다보며 기뻐했어요. 농부는 황금알을 팔아서 큰 부자가 되었어요.

그러던 어느 날이었어요. 큰 부자가 된 농부 부부는 갑자기 욕심이 생겼어요.

"날마다 한 알이 뭐람. 한꺼번에 여러 개를 낳으면 좋으련만."

"거위의 배 안에는 얼마나 많은 황금알이 들어 있을까요?"

농부의 아내가 던진 말에 농부는 고민했어요.

"거위의 배를 가르면 황금알을 한꺼번에 가질 수 있지 않을까?"

부부는 욕심에 눈이 어두워 거위의 배를 갈랐어요. 그런데 거위의 배에는 아무것도 들어 있지 않았어요. 거위가 죽자 부부는 황금알을 더 이상 갖지 못했어요.

"아이고, 너무 욕심을 부렸네. 아까운 내 황금알."

부부는 울며 후회했지만 이미 늦어 버렸답니다.

구성 표시하기 극본을 읽으면서 이야기로 바꾸어 쓸 해설과 대화 부분을 색칠해 보세요.

구둣방 할아버지와 요정

때: 옛날   곳: 어느 마을의 구둣방

나오는 사람들: 할아버지, 할머니, 신사, 난쟁이 요정 1, 난쟁이 요정 2

가난하고 허름한 구둣방 안 탁자 위에 멋진 가죽 구두가 있다. 할아버지가 그 앞에 서 있다.

할아버지: (가죽 구두를 이리저리 보며, 놀란 표정으로) 대체 누굴까? 마지막 가죽으로 구두를 정말 멋지게 만들었네. 꼼꼼하고 단단하기도 해라.

신사: (지나가다 구두를 보고 들어오며) 이렇게 멋진 구두는 처음 봅니다. 이 구두를 사고 싶습니다.

할아버지: (구두를 들어 보이며) 신어 보시고 맞으면 그렇게 하시지요.

신사: (신발을 신고, 만족스러운 표정으로) 나에게 딱 맞습니다. 구둣값은 크게 지불하겠소.

할아버지: (기뻐하며) 감사합니다. 새로운 가죽을 사서 구두를 더 만들 수 있게 되었어요!

불이 꺼지고 다시 불이 켜진다.

할아버지: (새로운 구두를 들고 기분 좋은 표정으로) 이렇게 신기한 일이 매일매일 계속 일어나다니, 이렇게 고마운 사람이 누구인지 알고 싶구려.

할머니: (고개를 끄덕이며) 그러게요. 고마운 사람이 누구인지 오늘 밤에 지켜 보아요.

할아버지와 할머니가 퇴장한다. 불이 꺼지고 다시 불이 켜진다. 탁자 위에 가위와 실, 가죽이 놓여 있고, 요정 2명이 있다. 할머니와 할아버지는 구석에 숨어서 지켜 본다.

요정1: (가위로 가죽을 자르며) 이번에는 어떤 구두를 만들까?

요정2: (실을 들며) 앞이 뾰족한 구두가 좋을 것 같아.

할아버지, 할머니: (할아버지와 할머니는 깜짝 놀란 표정을 짓는다.)

> 극본을 동화로 바꿀 때 해설의 내용은 이야기로 표현하고, 대사와 지문은 대화나 이야기의 상황으로 표현할 수 있어.

내용 정리하기 동화를 극본으로 바꾸기 위한 내용을 정리해 봅니다.

해설 부분 바꿔 보기	→

대사 부분 바꾸기의 본보기	→

글로 써 보기 극본 '구둣방 할아버지와 요정'의 파란색 부분을 동화로 바꾸어 써 쓰세요.

장면이 바뀌는 경우, 시간을 나타내는
말을 써 줘. 극본에 생략되어 있는 내용은 상상력을
발휘해서 넣어 주면 좋아.

이야기 형식으로 일기 쓰기

🌸 흐리게 쓴 글자를 한번 따라 써 보면 글쓰기에 도움이 됩니다.

어떻게 쓸까요

🏷️ **내용 떠올리기** 일기 쓰기를 위해 오늘 하루에 있었던 일을 떠올려 봅니다.

• 아침에 무서운 꿈을 꾸었다. • 학교에 지각할 뻔하였다.	• 학교 소방 시설 점검 때 사이렌이 울렸다. • 쉬는 시간에 친구와 꿈 이야기를 하였다.	• 저녁을 맛있게 먹었다. • 숙제를 하였다.

> 하루에 있었던 일 중에 가장 기억에 남는 일을 글감으로 고르면 좋아.

🏷️ **내용 정리하기** 떠올린 일 중 가장 기억에 남은 일을 골라 이야기의 형식으로 정리해 봅니다.

글감		아침에 꾼 무서운 꿈
배경		집과 학교
등장인물		나, 친구
사건	발단	아침에 무서운 꿈을 꾸어서 늦잠을 잤다.
	전개	친구와 꿈 이야기를 나누었다.
	절정	갑자기 사이렌 소리가 들렸다. 소방 시설 점검이라고 하였다.
	결말	하루를 아무 일 없이 지냈다.
생각이나 느낌		꿈 때문에 긴장했지만 아무 일이 없어서 다행이었다.

일기는 하루 중 겪은 일을 중심으로 생각과 느낌을 정리하는 개인의 기록이에요. 일기는 하루에 있었던 일을 모두 쓰는 것이 아니라, 기억에 남는 일을 중심으로 일어난 일과 느낀 점을 써야 해요.

> 일기를 쓸 때에는 일어난 일에 대한 생각이나 느낌도 자세히 써 주면 좋아.

4
주차

1회
2회
3회
4회
5회

글로 써 보기 정리한 내용을 바탕으로 이야기 형식의 일기를 써 봅니다.

| 날짜, 요일 | 20○○년 9월 8일 수요일 | 날씨 | 더우면서 신선한 날 |

제목 무서운 꿈

발단 　자면서 꿈을 꾸었다. 아주 무서운 꿈이었다. 식은땀을 많이 흘렸다. 꿈이 계속 새롭게 이어져서 줄거리도 없다. 그냥 기분이 이상했다. 잠이 잘 깨지도 않아서 늦잠을 자 버렸다.

　학교에 지각할까 봐 서둘러 준비를 했다. 시간이 너무 촉박해서 학교까지 막 뛰어갔다. 꿈 때문에 하루가 엉망이 된 것 같았다.

전개 　'안 좋은 꿈일까? 이상한 일이 일어날까?'

　공부 시간에는 아무 일도 일어나지 않았다. 쉬는 시간이 되어서야 친구와 재미있는 이야기를 하다가 갑자기 꿈이 생각났다.

　"나 오늘 이상한 꿈을 꾸어서 늦잠 잤어."

　"무슨 꿈인데?"

　"기억도 안 나. 그냥 무서운 기분이 들어. 안 좋은 일이 생기는 건 아니겠지?"

절정 　그때 갑자기 사이렌 소리가 들렸다. 나는 깜짝 놀랐다.

　"여러분, 이 소리는 학교 소방 시설을 점검하는 소리에요. 놀라지 마세요."

　선생님께서 말씀하셨다. 나는 안도의 한숨을 내쉬었다.

결말 　"나도 그런 적 있는데 아무 일도 없더라. 키 크는 꿈일 거야! 엄마가 그랬어."

　현지는 놀란 나의 마음을 아는 듯 말했다. 현지의 말을 들으니 마음이 좀 편해졌다.

생각, 느낌 　꿈 때문에 긴장했지만, 오늘 하루 아무 일이 없어서 다행이었다. 정말 현지의 말 대로 키 크는 꿈이었으면 좋겠다.

내용 떠올리기 일기 쓰기를 위해 오늘 하루에 있었던 일을 떠올려 보세요.

하루에 있었던 일 중에 가장 기억에 남는 일을
글감으로 고르면 좋아.

내용 정리하기 떠올린 일 중 가장 기억에 남은 일을 골라 이야기의 형식으로 정리해 보세요.

글감	
배경	
등장인물	

사건	발단	
	전개	
	절정	
	결말	

생각이나 느낌	

날짜, 요일		날씨	
제목			

일기를 쓸 때에는
일어난 일에 대한 생각이나 느낌도
자세히 써 주면 좋아.

1 다음 빈칸에 들어갈 알맞은 말을 보기 에서 찾아 쓰세요.

보기   연   배경   지문   일기

(1) 이야기에는 인물, [   ], 사건의 요소가 들어 있습니다.

(2) 동시는 행과 [   ]으로 되어 있습니다. 행은 동시의 한 줄이고, 그것들이 의미 있게 모인 덩어리를 [   ](이)라고 합니다.

(3) 극본에는 해설, [   ], 대사가 있습니다. 해설은 때, 곳, 나오는 사람들, 무대를 설명하는 부분이고, [   ]은/는 인물의 행동을 지시하는 부분이며, 대사는 인물의 말입니다.

(4) [   ]은/는 하루에 있었던 일을 모두 쓰는 것이 아니라, 기억에 남는 일을 중심으로 일어난 일과 느낀 점을 씁니다.

2 다음은 어떤 형식의 글인지 보기 에서 찾아 쓰세요.

보기   동시   극본   일기   이야기

(1)
호랑이는 아이를 달래는 엄마의 말을 듣고 깜짝 놀랐어요.
'내가 온 걸 어떻게 알았지?'
"응애, 응애."
아기가 울음을 그치지 않자, 호랑이는 생각했어요.

(   )

(2)
너를 보면   이 책 좋아
반짝반짝 빛나는   나도 그래
거울 같다.

(   )

(3)
부인: (놀란 듯이 황금알을 이리저리 보며) 이게 진짜 황금알 맞아요?
농부: (황금알 바구니를 들고 기뻐하며) 황금알 맞아요! 날마다 한 알씩 황금알이라니!

(   )

틀린 그림찾기

문학 작품의 형식에 대한 설명으로 옳은 것에 ○표 하고, 그림에서 틀린 부분을 찾아 보세요.

힌트: 옳은 설명의 개수만큼 틀린 그림이 숨어 있습니다.

동시는 간결하고 리듬이 있는 언어로 표현한 글이야.

극본의 3요소는 해설, 지문, 대사야.

극본은 무대에서 공연하기 위해 쓴 글이야.

이야기의 3요소는 인물, 사건, 배경이야.

속담

 똘이야, 너희 반은 이번 합창대회에서 부를 곡을 정했니?

우리 반은 정했는데, 너희 반도 정했니? 뭔데?

 오늘 수업 마치고 회의를 하긴 했는데… 서로 어떤 노래를 좋아하는 노래만 묻다가 의견이 다 달라서 정작 노래는 정하지 못하고 끝났어.

그래? 사공이 많으면 배가 산으로 간다더니…. 너희 반이 딱 그렇네.

 그러게, 내일 선생님께서 추천해 주시는 곡으로 찬반 투표를 해서 정하기도 했어.

송이야, 네가 지휘하기로 한 건 맞지? 나도 우리 반 지휘하기로 했거든.

 선의의 경쟁자네~~. 우리 각자 자기 반을 위해 멋지게 해 보자.

천리 길도 한 걸음부터라고 난 벌써 연습 시작했어~~.

예로부터 전해 내려오는 **삶의 지혜**와 **교훈**을 주는 말들을 **속담**이라고 해요. 속담을 사용하면 간단하게 뜻을 전할 수 있어서 알아두면 글을 쓸 때나 말을 할 때에 많은 도움을 줍니다.

고생 끝에 낙이 온다

든 탑이 무너지랴

가는 말이 고와야 오는 말이 곱다

낮말은 새가 듣고 밤말은 쥐가 듣는다

발 없는 말이 천리 간다

호랑이도 제 말 하면 온다

남의 떡이 커 보인다

누워서 떡 먹기

떡 줄 사람은 생각도 않는데 김칫국부터 마신다

계란으로 바위치기

닭 쫓던 개 지붕 쳐다보듯 한다

걷기도 전에 뛰려고 한다

백지장도 맞들면 낫다

천 리 길도 한 걸음부터

한술 밥에 배부르랴

등잔 밑이 어둡다

고믿는 도끼에 발등 찍힌다

백 번 듣는 것이 한 번 보는 것만 못하다

똥 묻은 개가 겨 묻은 개 나무란다

지렁이도 밟으면 꿈틀한다

고생 끝에 낙이 온다

어려운 일이나 힘든 일을 겪은 뒤에는 반드시 즐겁고 좋은 일이 생긴다는 뜻입니다.

- **고생 끝에 낙이 온다**고 과수원 농사로 힘들어하시던 삼촌이 새로운 품종을 개발했어요.

공든 탑이 무너지랴

힘을 다하고 정성을 다하여 한 일은 좋은 결과를 얻는다는 뜻입니다.

- **공든 탑이 무너질 리가 없듯이** 밤낮 없이 공부한 언니가 대학에 합격을 했어요.

가는 말이 고와야 오는 말이 곱다

자기가 남에게 말이나 행동을 좋게 하여야 남도 자기에게 좋게 한다는 뜻입니다.

- **가는 말이 고와야 오는 말이 고운 법**이니 친구끼리는 서로 고운 말을 사용해야 해요.

믿는 도끼에 발등 찍힌다

잘되리라고 믿고 있던 일이 어긋나거나 믿고 있던 사람이 배반하여 오히려 해를 입음을 비유적으로 이르는 뜻입니다.

- **믿는 도끼에 발등 찍힌다**더니 가장 예뻐하던 막내가 내가 놀러 나간 것을 부모님께 다 말해버렸어요.

발 없는 말이 천 리 간다

말이란 순식간에 멀리까지 퍼져 나가므로 말을 삼가고 조심해야 한다는 뜻입니다.

- **발 없는 말이 천 리 간다**고 하루 사이에 소문이 온 동네에 퍼졌어요.

호랑이도 제 말 하면 온다

깊은 산에 있는 호랑이조차도 자기에 대해 이야기하면 찾아온다는 뜻입니다.

- **호랑이도 제 말 하면 온다**더니 뒤에서 친구 이야기를 하는데 그 친구가 갑자기 나타나서 놀랐어요.

남의 떡이 커 보인다

남의 것이 자기 것보다 더 좋아 보이고, 남의 일이 자기 일보다 더 쉬워 보임을 비유적으로 이르는 말입니다.

- **남의 떡이 커 보인다**고 같은 물건인데도 친구 것이 더 좋아 보였어요.

누워서 떡 먹기

매우 간단하고 쉬운 일을 비유적으로 이르는 말입니다.

- 윗몸일으키기 10번! 이 정도쯤이야! **누워서 떡 먹기**죠.

지렁이도 밟으면 꿈틀한다

아무리 순하고 좋은 사람이라도 함부로 대하면 가만있지 아니한다는 뜻입니다.

• **지렁이도 밟으면 꿈틀**하니 약한 친구들을 대할 때에도 함부로 대하면 안 돼요.

계란으로 바위치기

대항해도 도저히 이길 수 없는 경우를 비유적으로 이르는 말입니다.

• 폭우로 강물이 불어났을 때 바가지로 물을 퍼내는 것은 **계란으로 바위치기**예요.

닭 쫓던 개 지붕 쳐다보듯 한다

애쓰던 일이 실패로 돌아가거나 남보다 뒤떨어져 어찌할 도리가 없다는 뜻입니다.

• **닭 쫓던 개 지붕 쳐다본다**고 며칠 동안 애써서 만든 장난감이 망가졌어요.

걷기도 전에 뛰려고 한다

쉽고 작은 일도 해낼 수 없으면서 어렵고 큰 일을 하려고 나선다는 뜻입니다.

• **걷기도 전에 뛰려고 하지** 말고 기초부터 차근차근 공부하면 어려운 문제도 잘 풀 수 있을 거예요.

백지장도 맞들면 낫다

쉬운 일이라도 협력하면 훨씬 쉽다는 뜻입니다.

- **백지장도 맞들면 낫다**고 친구와 같이 책상을 옮기니 힘이 안 들었어요.

천 리 길도 한 걸음부터

무슨 일이나 그 일의 시작이 중요하다는 뜻입니다.

- **천 리 길도 한 걸음부터**라고, 공부를 시작하기 전에 책상에 앉아 있는 연습부터 했어요.

한술 밥에 배부르랴

어떤 일이든지 단번에 만족할 수 없다는 뜻입니다.

- 피아노 연주가 마음대로 되지 않아 실망하니까 엄마께서 **한술 밥에 배부르겠냐**며 계속 연습해 보라고 하셨어요.

등잔 밑이 어둡다

가까이 있는 것이 도리어 잘 알기 어렵다는 뜻입니다.

- **등잔 밑이 어둡다**고 계속 찾던 연필이 바로 책 사이에 있었어요.

똥 묻은 개가 겨 묻은 개 나무란다

자기는 더 큰 흉이 있으면서 도리어 남의 작은 흉을 본다는 뜻입니다.

- **똥 묻은 개가 겨 묻은 개 나무란다**고, 자기의 단점은 보지 못하고 다른 사람의 단점을 지적하는 사람들이 있어요.

백 번 듣는 것이 한 번 보는 것만 못하다

듣기만 하는 것보다는 직접 보는 것이 확실하다는 뜻입니다.

- **백 번 듣는 것이 한 번 보는 것만 못하다**고 하더니만 코끼리를 직접 보니 정말 엄청나게 덩치가 컸어요.

낮말은 새가 듣고 밤말은 쥐가 듣는다

아무도 안 듣는 데서라도 말조심해야 한다는 뜻입니다.

- **낮말은 새가 듣고 밤말은 쥐가 듣는다**더니 친구들과 나눈 비밀이야기를 다른 친구들이 다 알고 있어서 당황했어요.

떡 줄 사람은 생각도 않는데 김칫국부터 마신다

해 줄 사람은 생각지도 않는데 미리부터 다 된 일로 알고 행동한다는 뜻입니다.

- 선물을 줄 생각도 없는 친구에게 선물 받을 줄 알고 기대했다가 실망했어요. **떡 줄 사람은 생각도 않는데 김칫국부터 마신** 격이죠.

5단계

쓰기가 문해력이다

1주차 정답과 해설

● 사건 기록문이란 어떤 사건이 일어났을 경우, 그 내용과 사건의 결과 등을 그대로 기록한 글이에요. 역사 사건 기록문에는 역사적인 사건의 배경, 때, 곳, 사건의 순서, 사건의 결과 등이 들어가요.

> 사건 기록문은 이어지던 사건의 상황을 넘겨짓지 않고, 사실을 바탕으로 써야 해.

글로 써 보기 정리한 내용을 바탕으로 역사 사건 기록문을 써 봅니다.

서희의 외교 담판

제목

처음
고려는 송나라와는 우호적으로 교류하고 있었지만, 거란은 고려의 북쪽으로 세력을 확장하고 있었고 발해를 멸망시킨 나라였기 때문에, 거란과는 교류하지 않고 경계하고 있었다.

중간
결국 993년, 거란의 장수 소손녕은 군사를 이끌고 고려에 침입했다. 고려는 첫 전투에서 패배한 후 거란의 침입을 막을 방안을 논의했다. 조정의 대신들은 거란의 위협에 위기감을 느끼고 서경 이북 땅을 거란에게 떼어 주어야 한다는 의견을 냈다. 이때 서희는 싸워 보지도 않고 땅을 떼어 주는 것은 부끄러운 일이라며 결사반대하였다.

서희는 거란의 침입 의도는 고려의 땅을 빼앗으려는 것이 아니라 송나라와의 관계를 끊게 하려는 것임을 파악했다. 얼마 후 '안융진 전투'에서 거란가 고려군을 물리치는 일이 일어나자 거란의 장수 소손녕이 고려에 협상을 요구해 왔다. 서희는 고려 사신의 자격으로 적의 진영으로 들어가 소손녕과 담판을 짓게 된다.

소손녕은 송과의 교류를 맺음 끊을 것을 고려에 요구했다. 이에 서희는 거란과 그동안 교류하지 못한 까닭은 고려와 및 영토를 여진이 자치하고 있기 때문이라고 했다. 그러므로 여진을 좋아내고 압록강 이남 강동 6주를 돌려주어 길을 통하게 하면 교류할 수 있다고 말했다.

끝
그 결과 고려는 송과의 교류를 끊고 거란과 교류할 것을 약속했으며, 강동 6주를 자치하게 되었다. 서희는 싸우지 않고 뛰어난 협상과 외교 담판을 통해 거란의 대군을 물리칠 수 있었다.

역사 사건 기록문 쓰기

어떻게 쓸까요
◆ 흐름에 쓴 글자를 한번 따라 써 보면 글쓰기에 도움이 됩니다.

내용 찾아보기 역사 사건 기록문으로 쓸 내용에 대해 조사해 써 봅니다.

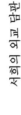

서희의 외교 담판

- 고려 때 거란이 침입함.
- 거란이 송과 교류하지 말라고 요구함.
- 거란의 장수 소손녕과 담판을 지음.
- 고려가 강동 6주를 자치함.

(tip) 기록문은 특정한 정보를 문서로 남기는 것을 말합니다. 실제로 한 일, 본 일, 조사한 일 등을 사실 그대로 씁니다.

내용 정리하기 조사한 내용을 바탕으로 역사 사건 기록문의 짜임에 맞춰 내용을 정리해 봅니다.

> 여러 자료를 조사하여 사실에 근거해서 정리하도록 해.

처음
(사건의 배경)
- 고려는 송과는 교류했었지만, 거란이 발해를 멸망시킨 나라였기 때문에 거란은 경계함.
- 993년, 거란의 제1차 침입.

중간
(사건의 순서)
- 거란의 장수 소손녕이 군사를 이끌고 고려에 침입함.
- 고려 조정에서는 거란의 침입에 여러 가지 방안을 논의함.
- 서희는 서경 이북 땅을 거란에게 떼어 주어야 한다는 신하들의 의견에 반대함.
- 서희는 거란의 침입 의도는 고려와 송의 관계를 끊고자 함임을 파악함.
- 서희가 고려 사신의 자격으로 적장 소손녕과의 담판을 통해 거란의 대군을 물리침.

끝
(사건의 결과)
- 송과의 관계를 끊고 거란과 교류함.
- 고려가 강동 6주를 자치함.

이야기 써 보기

내용 찾아보기 역사 사건 기록문을 쓸 내용에 대해 조사해 써 보세요.

예
· 조선 시대
· 세종 대왕

예
· 최만리의 반대
· 중국과 다른 문자를 쓰는 어 ... 함께 나라가 되는 것이다.

예
· 백성들을 위한 문자를 만들려고 창제함.
· 그동안 말소리를 한자음으로 표기 해서 불편함이 많았음.

여러 자료를 조사하여 사실에 근거해서 정리하도록 해.

내용 정리하기 조사한 내용을 바탕으로 역사 사건 기록문의 짜임에 맞춰 내용을 정리해 보세요.

처음 (사건 배경)

예
· 조선 시대
· 우리나라는 글자가 없어서 중국의 글자인 한자로 글을 적음.
· 세종 대왕은 백성들이 글을 제대로 쓸 줄 몰라 어렵한 일을 당하는 것을 안타깝게 여겨 우리나라 말을 쉽게 표기할 수 있는 문자를 만들기로 함.

중간 (사건의 순서)

예
· 조선은 중국과 같은 문자를 사용하는 나라인데 중국과 다른 문자를 쓰는 것은 오랑캐 나라가 되는 것이고 백성이 어렵한 문제가 아니라며 최만리 등이 한자를 반대함.
· 세종 대왕은 신하들의 반대를 비밀리에 연구하여 1443년 12월에 자음자와 11자의 모음자, 총 28자를 만들고 훈민정음이라는 이름을 붙임.
· 1446년 훈민정음을 반포하고, 『훈민정음』이라는 책에 처음 펴내 백성들에게 보급함.

끝 (사건의 결과)

예
· 일반 백성들도 자신들의 생각을 글로 쓸 수 있게 됨.
· 어렵한 일을 글로 쓸 수 있게 됨.
· 농업 관련 서적의 편찬으로 농업 기술이 전수되는 등 백성들의 생활이 많이 개선됨.

글틀 써 보기 정리한 내용을 바탕으로 역사 사건 기록문을 써 보세요.

예 훈민정음 반포

조선 시대 초기까지도 우리나라에는 글자가 없어서 중국의 글자인 한자로 글을 적었다.

한자를 아는 양반들은 글을 썼지만, 일반 백성들은 중국어를 하고 싶은 많은 말을 글로 쓰지 못했다.

세종 대왕은 백성들이 글을 제대로 읽고 쓸 줄 몰라 어렵한 일을 당하는 것을 안타깝게 여겨 우리나라 말을 쉽게 표기할 수 있는 문자를 만들기 시작했다. 그러나 최만리 등 대부분의 한자들은 우리나라 말을 적는 문자를 만드는 일을 반대하였었다. 그들은 조선은 중국과 같은 문자와 법률을 사용했다. 그리고 백성들이 어렵한 일을 당하는 것은 글자의 문제가 아니라고 했다.

이러한 반대 때문에 세종 대왕은 비밀리에 우리나라 글자를 연구하였었고, 마침내 1443년 12월에 백성을 가르치는 바른 소리라는 뜻의 자음자 17자와 모음자 11자, 총 28자로 된 '훈민정음'을 창제하였었다. 1446년에는 훈민정음을 온 나라에 반포하였고, 『용비어천가』, 『월인천강지곡』 등 여러 책을 펴내 백성들에게 보급하였었다.

훈민정음은 배우기 쉬워 백성들에게 빠르게 퍼졌다. 훈민정음이 보급되면서 일반 백성들도 자신들의 생각을 글을 쓸 수 있게 되었고 한글로 된 서적을 읽을 수 있게 되었다. 어렵한 일을 글로 써서 밝히고, 농업 관련 서적을 읽으면서 농업 기술이 전수되어 백성들의 생활이 많이 개선되었다.

(tip) '훈민정음'은 오늘날의 한글을 창제 당시에 부른 이름이기도 하고, 1446년 9월에 발간된 책 이름이기도 합니다.

사건 기록문이 이어던 사건의 상황을 넘겨짓지 않고, 사실을 바탕으로 써야 해.

1 주차 — 1회 2회 3회 4회 5회

• '관찰 기록문'은 동물이나 곤충, 식물, 자연의 변화 등을 시간을 두고 관찰한 사실을 중심으로 쓴 글이에요.
관찰 결과를 기록할 때는 그 생김새나 형태, 색깔, 크기 등을 사실대로 써야 해요.

> 기록문의 종류가 다양해.
> 기록문은 객관적인 사실을 글로 쓰는 것이지만, 생각이나 느낌도 드러나게 쓸 수도 있어.

글로 써 보기 정리한 내용을 바탕으로 관찰 기록문을 써 봅니다.

배추흰나비가 되기까지

서론 과학 시간에 배추흰나비의 한살이를 관찰했다. 약 15일에서 20일이 면 애벌레에서 배추흰나비가 된다고 해서 2~3주 동안 교실 창가에 있 는 사육 상자를 관찰하기로 했다.

본론 4월 15일에 알을 관찰하였다. 좁쌀보다 더 작고 노란색이다. 너무 작아서 돋보기로 살펴보니 옥수수처럼 생긴 것을 알 수 있었다. 5일 정도 지나니 애벌레가 기어다니기 시작하였다. 안에서 어떻게 나왔는 지는 보지 못했다. 자로 재 보니 길이가 8mm 정도이고, 털이 보인다. 5일 정도 더 지나니 애벌레가 제법 통통해졌다. 약 20mm 정도 자 랐으며, 색깔이 점점 녹색으로 진해지고 있었다. 케일 잎에 구멍이 많 이 난 것을 보니 애벌레가 케일을 잘 먹고 있는 것 같았다. 4월 28일 에는 애벌레의 몸 색깔이 맑아진 느낌이다. 나뭇가지에 붙어 있었다. 며칠 지나니 번데기가 되어 나뭇가지에 붙어서 갈색이 되어 가는 것 같다. 크기는 25mm 정도이고 딱딱해 보였다.

관찰을 시작한 지 약 20일이 지나니 어느새 흰색 나비가 되어 사육 상자 안에서 돌아다니고 있었다. 머리, 가슴, 배로 나뉘어 있고, 날개 두 쌍, 다리 세 쌍이 있어 보였다. 번데기 껍질은 여전히 나뭇가지에 붙어 있으나 속이 빈 것 같았다.

결론 배추흰나비를 보니 예쁘고 신기했다. 알과 애벌레, 번데기가 나 비까지 변화되는 모습을 직접 내 눈으로 보아서 더 흥미로웠다. 그런 데 알에서 나오는 장면이나 번데기에서 나비가 되는 장면을 직접 보지 못해서 아쉬웠다. 관찰하지 못한 부분은 영상 자료를 찾아봐야겠다.

---

2 주차 2회

관찰 기록문 쓰기

어떻게 쓸까요

◆ 순리계 쓴 글자를 한번 따라 써 보면 글쓰기에 도움이 됩니다.

관찰 기록문으로 쓸 내용을 그림으로 정리해 봅니다.

배추흰나비의 한살이 관찰하기

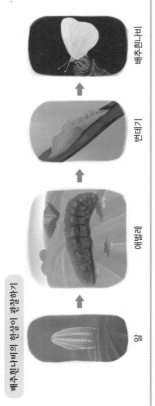

알 → 애벌레 → 번데기 → 배추흰나비

(tip) '한살이'란 세상에 태어나서 죽을 때까지의 동안을 뜻합니다.

그림을 보면서 관찰 기록문의 짜임에 맞춰 내용을 정리해 봅니다.

관찰 대상 배추흰나비
관찰 기간 20○○년 4월 15일 ~ 20○○년 5월 4일
관찰 장소 교실 창가의 사육 상자
관찰 방법 맨눈이나 돋보기로 관찰하기 / 자, 사진 등으로 크기나 모양, 생김새 변화 관찰하기
관찰 내용

> 관찰 기록문을 쓸 때
> 관찰 대상, 관찰 기간, 장소, 도구, 방법, 관찰을 들을 정리하여 쓰고, 관찰을 통해 알게 된 점과 느낀 점으로 마무리하면 돼.

• 4월 15일: 알을 관찰하였다. 좁쌀보다 더 작고 노란색이다. 돋보기로 살펴보니 옥수수처럼 생겼다.
• 4월 20일: 애벌레가 기어다닌다. 8mm 정도 크기이고, 털이 보인다.
• 4월 25일: 애벌레가 제법 통통해지고 20mm 정도로 자랐다. 생상이 점점 녹색으로 진해진 것 같다. 케일 잎에 구멍이 많이 난 것을 보니 애벌레가 케일을 많이 먹은 것 같다.
• 4월 28일: 애벌레의 몸 색깔이 맑아진 것 같다. 나뭇가지에 붙어 있다.
• 5월 2일: 번데기가 되어 나뭇가지에 붙어 있다. 크기는 25mm 정도이고 딱딱해 보인다.
• 5월 4일: 흰색 나비가 되어 사육 상자 안에서 돌아다닌다. 머리, 가슴, 배로 나뉘어 있고, 날개 두 쌍, 다리 세 쌍이 있다. 번데기 껍질은 여전히 나뭇가지에 붙어 있다. 속이 빈 것 같았다.

이해의 바탕

관찰 내용을 그려 보기
관찰 기록문으로 쓸 내용을 그림으로 정리해 보세요.

(예) 강낭콩 키우기

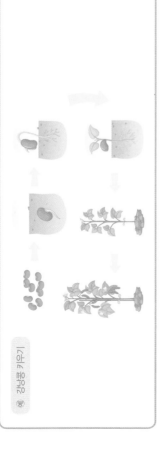

내용 정리하기
그림을 보면서 관찰 기록문의 짜임에 맞춰 내용을 정리해 보세요.

관찰 기록문을 쓸 때
관찰 대상, 관찰 기간, 장소, 도구, 방법,
등을 정리하여 쓰고, 관찰을
통해 알게 된 점과 느낀 점을 정으로
마무리하면 돼.

관찰 대상 (예) 강낭콩

관찰 기간 (예) 20○○년 4월 3일 ~ 20○○년 6월 15일

관찰 장소 (예) 교실 창가의 화분

관찰 방법/내용 (예) 맨눈이나 돋보기로 관찰하기 / 자, 사진 등으로 크기나 모양, 색깔 변화 관찰하기

관찰 내용

(예)
- 4월 10일: 심은 지 1주일 정도 지나니 줄기가 약 2cm 정도 올라오고, 둥그렇고 연두색으로 생긴 떡잎이다.
- 4월 17일: 1주일 정도 지나니 5cm로 줄기가 쭉 올라왔다. 떡잎 위로 잎이 두 개 나왔다. 잎의 길이는 3cm이며 끝이 뾰족했다.
- 4월 20일: 떡잎이 떨어지고 잎의 개수가 7개로 늘었다. 줄기는 8cm, 잎의 길이는 3cm이며 줄기가 굵어졌다.
- 4월 30일~5월 10일: 잎의 개수가 21개로 늘었다. 줄기는 20cm로 자랐다. 잎이 점점 많아지더니 줄기도 굵어졌다. 줄기가
  잎이 엉클어져 보자 지지대를 설치하였었다. 쑥쑥 자라 지지대를 감고 올라갔다. 줄기가 지지대를
  감고 올라가서 길이가 얼마인지 모르겠다.
- 5월 21일: 잎과 잎 사이에 작은 꽃봉오리가 한 개 맺혔다. 꽃이 피려는 것 같다.
- 5월 24일~6월 11일: 꽃봉오리가 커지더니 꽃봉오리가 되어 하얀색 꽃이 피기 시작하였다. 꽃은 방울처럼 생겼다. 꽃이 지
  고 난 자리 밑에 작은 꼬투리가 보인다. 길쭉하고 납작하게 생겼다.
- 6월 15일: 제일 큰 꼬투리를 까 보니 강낭콩 열매 5개가 들어 있다. 꼬투리가 연한색이다. 아직 열매까지 익지 않은 것 같다.

글로 써 보기
정리한 내용을 바탕으로 관찰 기록문을 써 보세요.

(예) 강낭콩 키우기

교실 창가에서 약 두 달 동안 강낭콩을 키웠다. 강낭콩을 화분에 심고, 물을 충분히 주었다. 날짜와 이름을 적는 팻말을 꽂아 두고, 관찰한 내용을 기록하였다.

4월 10일, 심은 지 1주일 정도 지나니 줄기가 약 2cm 정도 올라왔다. 둥그렇게 연두색으로 생긴 떡잎이었다. 또 일주일이 지나니 5cm 길이로 줄기가 쭉 올라왔다. 떡잎 위로 잎이 두 개 나왔다. 잎은 넓고 길이 뾰족했다. 그 이후로 하루가 다르게 줄기가 가지라고 잎이 늘어났다.

어느새 떡잎은 떨어지고 줄기잎으로 무성해졌다. 약 한 달 동안 위로 쑥쑥 자랐다. 잎이 많아지고 줄기가 20cm까지 자라 지지대를 대 주었다. 줄기가 지지대를 감고 올라갔다.

심은 지 45일 정도 지나니 잎과 잎 사이에 작은 꽃봉오리가 한 개 맺혔다. 무우리가 더 커지더니 하얀색 방울꽃같이 생긴 꽃이 피었다. 꽃은 약 1주일 동안 피었다가 지기 시작했다. 꽃이 지고 난 자리 밑에 작은 꼬투리가 자라고 있었다. 길쭉하고 납작하게 생겼다. 심은 지 약 2달이 지났을 때 제일 큰 꼬투리를 열어 보니 아직 익지 않은 연한

새 강낭콩은 열매가 5개 들어 있었다.

강낭콩을 키우면서 꽃이 가장 좋았던 때는 꽃이 피었을 때다.

강낭콩 꽃이 이렇게 예쁜지 몰랐다. 열매가 생기는 때는

자연의 원리가 신기하다고 생각했다.

가루은 종류가 다양해.
가루은 개구쟁이 사실을 들고 쓰는
것이지만, 생각이나 느낌을 담아
쓸 수도 있어.

광고문 쓰기

광고문은 어떤 대상에 대한 정보를 사람이 이해하도록 널리 알리는 글이에요. 광고문은 대상의 내용을 알리는 일, 즉 광고의 효과를 높이는 데 글의 목적이 있어요.

글로 써 보기
정리한 내용을 바탕으로 사진에 어울리는 광고문을 써 봅니다.

다시 찾고 싶은
바다를 품다, 강릉

힐링 파트너!
여러분 가까이에 있습니다.

위인의 출생지
오죽헌

바다를 달리다
바다 열차

맑은 물, 깨끗한 모래
해수욕장

(tip) 소개하려는 정보를 쉽고 짧게 써 줍니다.

광고문은 길이는 짧고, 표현력은 독창적으로 하여, 광고를 보는 사람의 마음을 움직여야 해.

(tip) 광고문은 일반적으로 표제, 본문, 사진으로 구성됩니다.

6 정답과 해설

광고문 쓰기

❖ 흐리게 쓴 글자를 한번 따라 써 보면 글쓰기에 도움이 됩니다.

어떻게 쓸까요

내용 찾아보기
우리나라 여행지를 알리는 광고문을 만들려고 합니다. 사진을 보고 떠오르는 것을 생각나는 대로 써 봅니다.

강릉 오죽헌
- 율곡 이이와 신사임당이 생가. 한옥이 멋지다.

경포대
- 바다가 깨끗하다.
- 해수욕을 즐길 수 있다.

바다 열차
- 바다와 멋진 풍경을 구경할 수 있다.

(tip) 광고에는 상품이 판매를 목적으로 하는 상업 광고, 공공의 이익을 목적으로 하는 공익 광고, 기업의 이미지를 좋게 하려는 기업 광고 등이 있습니다.

내용 정리하기
생각나는 대로 쓴 것을 바탕으로 광고문에 들어갈 내용을 정리해 봅니다.

알리고 싶은 주장이나 문제를 한마디로 간추린 부분이 '표제'야. 사람들이 기억에 남도록 인상적인 내용을 중요하게 짧게 쓰도록 해.

목적 · 여행지로 좋은 강릉을 많은 사람에게 알린다.

제목 · 다시 찾고 싶은 바다를 품다, 강릉

(tip) 말하고자 하는 것을 명확하게 드러내도록 제목을 씁니다.

슬로건 · 힐링 파트너! 가까이에 있습니다. 등

(tip) 슬로건은 말하려는 내용을 간결하게 나타낸 짧은 글입니다. 광고에서는 사람들의 기억에 남도록 알리려는 주제로 슬로건을 작성합니다.

내용 · 해수욕장, 오죽헌, 바다 열차, 양배 목장 등 많은 여행지

글로 써 보기

정리한 내용을 바탕으로 사진에 어울리는 광고문을 써 보세요.

ⓒ 국립중앙박물관 출처(e뮤지엄 공공누리)

살아 숨 쉬는 신라의 역사, 경주

천년을 이은 찬란한 문화! 우리 조상의 슬기!

조상들의 과학 기술
첨성대

무릉도원을 가니는 듯한
안압지

용이 되어 나라를 지킨
문무 대왕 수중릉

광고문은 길이는 짧고, 표현은 독창적으로 하여, 광고를 보는 사람의 마음을 움직여야 해.

이해하며 읽기

내용 찾아보기

우리나라 여행지를 알리는 광고문을 만들려고 합니다. 여행지 사진을 보고 떠오르는 것을 생각나는 대로 써 보세요.

첨성대
- 예) 국보 제 31호
- 높이 약 9.17m
- 세계에서 가장 오래 된 천문대
- 신라의 천문 관측 시설

안압지
- 예) 사적 제 18호
- 통일 신라 때 완성된 인공 연못
- '경주동궁과 월지'로 불림.

문무 대왕릉
- 예) 사적 제 158호
- 삼국 통일을 이룬 대왕
- 나라를 지키려는 의지가 담긴
- 수중릉

알리고 싶은 주장이나 문제를 하나라도 간추려 인상 깊이 표현하여, 사람들이 기억에 남도록 읽혀지는 내용을 조리있게 짧게 쓰도록 해.

내용 정리하기

생각나는 대로 쓴 것을 바탕으로 광고문에 들어갈 내용을 정리해 보세요.

목적
예) 문화 유적지인 경주를 많은 사람에게 알린다.

제목
예) 살아 숨 쉬는 신라의 역사, 경주

슬로건
예) 천년을 이은 찬란한 문화! 우리 조상의 슬기!

내용
예) 첨성대, 문무 대왕릉, 석굴암. 주장 정리 첨성대 등

'기행문'은 여행하면서 보고, 듣고, 느끼고, 겪은 것을 적은 글이에요. 기행문은 여정(여행의 과정을 따라 다닌 것)을 뜻하는 '여정', 여행하면서 보고 들은 것을 뜻하는 '견문', 생각하거나 느낀 것을 뜻하는 '감상'으로 이루어져요.

> 기행문의 끝부분에 감상, 다짐, 더 알고 싶은 점, 바라는 점 등을 쓸 수 있어.

글로 써 보기 정리한 내용을 바탕으로 기행문을 써 봅니다.

공기도 풍경도 좋았던 강릉

처음
가족과 함께 강릉으로 1박 2일 일정으로 여름 휴가를 떠났다. 아침부터 설레는 마음으로 자동차에 올라탔다. 동생은 먹는 게 최고라며 강릉 맛집을 검색하기 시작했다.
약 3시간 정도를 달려 경포대 해수욕장에 도착했다. 날씨도 해수욕하기 딱 좋은 날씨였다. 경포대 해수욕장에는 휴가를 즐기러 온 사람들이 많았다. 파도 소리와 바람 소리, 사람들의 웃음소리가 경쾌하게 들렸다. 여름 바다는 정말 시원했다.

중간
둘째 날이 되어 율곡 이이가 태어난 한옥인 오죽헌에 갔다. 안으로 들어가니 숲으로 둘러싸인 멋진 한옥이 보였다. 율곡 기념관을 둘러보고 있어서 오죽헌이라는 이름이 붙여졌다고 한다.
마지막으로 간 곳은 소금강 양떼 마을에 있는 양떼 목장이었다. 생각보다 규모가 크지는 않았지만 양떼를 가까이에서 볼 수 있어 좋았다. 양떼 목장에서 먹이를 주는데 풀이 아니라 사료여서 실망했다. 양떼에서 풀을 먹이며 키우는 양이라고 생각했는데, 사료를 먹이다니…… 자연과 좀 멀어지는 기분이 들었다.

끝
1박 2일 동안 다닌 곳 중에서 가장 기억에 남는 곳은 보물 제165호로 등록되어 있다는 오죽헌이었다. 마음이 고요해지면서 시끄러운 세상과 잠시 단절된 기분이 들었다. 집으로 돌아가면 오죽헌과 관련 있는 이이와 신사임당에 관한 이야기를 더 찾아보아야겠다.

(tip) '오죽헌(烏竹軒)'은 검은 대나무 집이라는 뜻으로 대부분 한자로 이루어져 있습니다.

5단계 1주차 8 정답과 해설

4회 국어

기행문 쓰기

어떻게 쓸까요

> 훈련에 쓴 글을 한번 따라 써 보면 글쓰기에 도움이 됩니다.

내용 찾아보기 여행한 곳을 떠올려 보고 생각나는 대로 써 봅니다.

여행
- 여름 휴가로 떠난 강릉에서 오죽헌, 양떼 목장, 경포대를 다녀옴.
- 제주도에 있는 우도에 배를 타고 들어가는 것이 새로웠음.
- 인천 송도 축제에서 불꽃놀이를 보았음.
- 가족들과 떠난 여수 1박2일 여행에서 본 여수 밤바다가 멋졌음.

> 여행을 다녀온 곳 중 가장 기억에 남는 곳을 떠올려 봐!

내용 정리하기 생각나는 대로 쓴 것 중 기억에 남는 여행을 기행문의 짜임에 맞춰 정리해 봅니다.

처음 (여행 목적)
- 가족과 함께 1박 2일로 여름 휴가를 떠남.
- 부모님 차를 타고 자유롭게 다님.

중간 (여정, 견문, 감상)

여정	견문	감상
경포대	많은 사람들이 휴가를 즐기는 모습을 봄.	여름 바다가 시원함.
오죽헌	숲으로 둘러싸인 한옥, 기념관, 동상 등을 봄.	공기도 좋고, 풍경도 좋았음.
양떼 목장	양떼들을 직접 봄. 양의 먹이가 사료였음.	양에게 주는 먹이가 사료여서 실망함. 자연과 좀 멀어지는 기분이 듦.

끝 (감상, 다짐)
- 오죽헌이 가장 기억에 남음.
- 집으로 돌아가면 이이와 신사임당에 관한 이야기를 더 찾아보려 함.

주차 1
1회
2회
3회
4회
5회

글쓰며 보기

정리한 내용을 바탕으로 기행문을 써 보세요.

예) 신라의 문화가 꽃피는 경주

경주로 가족 여행을 갔다. 일상을 뒤로하고 가족과 함께 여행을 떠나니 너무 신이 났다. 경주가 어떤 곳인지 기대하는 마음으로 여행을 떠났다.

경주 신라 시대에 들어가 보니 신라 시대로 돌아간 듯 다른 세상이 펼쳐졌다. 건물 들도 신라 시대에 느낌을 잘 살리고 있었다. 처음으로 간 곳은 불국사였다. 불국 사는 통일 신라 시대에 김대성이 현세의 부모를 위해 지은 절이라고 한다. 청운 교와 백운교를 오르면 자하문이 나오는데, 이곳을 지나면 부처의 세계로 들어갈 수 있다고 한다. 그래서인지 자하문을 지날 때 기분이 묘했다. 불국사에 나란히 있는 석가탑과 다보탑도 보았다. 두 탑의 모습은 전혀 다르게 생겼는데 각각의 개성이 돋보여 어느 게 더 낫다고 할 수 없었다. 다보탑은 국보 제20호, 석가탑은 국보 제21호로 지정되어 있다고 한다. 불국사의 섬세한 모습이 아름다웠다.

둘째 날에는 보문 관광 단지로 가서 첨성대를 보았다. 신라 선덕 여왕 때 하늘 을 관찰하기 위해 만들었다고 한다. 조금 안쪽으로 들어가니 안압지가 보였다. 신라 태자가 머물렀던 별궁은 없어지고 지금은 호수만 남았다고 한다. 물에 보이 지 않는 안압지의 풍경이 바다를 연상시켰다.

동아에서 가장 오래된 첨성대는 당시의 높은 과학 수준을 보여 주는 문화재라 할 수 있다. 우리나라는 예전에도 예술적 감각이 뛰어나고 과학 기술도 우수한 것 같아 자랑스러웠다.

(tip) 석가탑은 불국사 삼층석탑 또는 무영탑이라고도 합니다.

(말풍선) 기행문이 끝부분에 감상, 다짐, 더 알고 싶은 점, 바라는 점 등을 쓸 수 있어.

글쓰며 되짚기

내용 찾아보기

여행한 곳을 떠올려 보고 생각나는 대로 써 보세요.

예) 여행

- 예) 경주로 가족 여행을 다녀옴.
- 예) 불국사, 첨성대, 안압지 등을 실제로 보고 그 섬세함에 놀랐음.
- 예) 수학 여행에 다녀옴.

- 예) 시물에 있는 갯벌 생태 공원에 감.
- 예) 여러 가지 식물이 많았음.

- 예) 인천 을왕리 해수욕장에서 조개를 캐며 놀았음.

- 예) 아린 불빛이 이름다웠음.

(말풍선) 여행을 다녀온 곳 중 가장 기억에 남는 곳을 떠올려 봐.

내용 정리하기

생각나는 대로 쓴 것 중 기억에 남는 여행을 기행문의 짜임에 맞춰 정리해 보세요.

처음 (여행 목적)	예) 경주로 가족 여행을 떠남. 일상을 뒤로하고 가족과 함께 여행을 떠나니 신이 남.		

	여정	견문	감상
중간 (여정, 견문, 감상)	예) 불국사	예) 불국사는 통일 신라 시대에 김대성이 현세의 부모를 위해 지은 절이라고 함. 청운교와 백운교를 오르면 자하문이 나오는데, 이 문을 지나면 세계로 통하는 문이라고 함.	예) 자하문을 지나가 보니 새로운 느낌이 들었음.
	예) 보문 관광 단지의 첨성대와 안압지	예) 신라 선덕 여왕 때 첨성대에서 하늘을 관찰하였다고 함. 안압지는 신라 태자가 머물던 별궁은 없어지고 지금은 호수만 남았다고 함.	예) 불국사의 섬세한 모습이 이름다웠음. 물도 없는 안압지를 경이 바다를 연상시킴.

끝 (감상, 다짐)			예) 우리나라는 예전에도 예술적 감각이 뛰어났으며, 과학 기술도 우수했던 것 같음. / 우리나라가 자랑스러움.

5회 주차

기행문 형식으로 일기 쓰기

어떻게 쓸까요

★ 흐리게 쓴 글자를 한번 따라 써 보면 글쓰기에 도움이 됩니다.

내용 찾아보기 여행한 곳을 떠올려 보고 생각나는 대로 써 봅니다.

- 할머니를 모시고 가족과 경복궁을 방문함.
- 청계천을 산책함.

서울 나들이

내용 정리하기 생각나는 대로 쓴 것 중 기억에 남는 여행을 기행문의 짜임에 맞춰 정리해 봅니다.

> 시간을 나누어 간 곳을 생각해 보고, 본 것과 들은 것, 느낀 점을 정리하도록 해.

처음 (여행 목적): 추석을 맞아하여 할머니와 함께 서울 나들이를 함.

중간 (여정, 견문, 감상):

여정	견문	감상
경복궁	조선 왕조의 법궁이라고 함. 해태, 근정전의 멋진 기와, 근정전 뒤의 연못을 봄.	가을 하늘 아래 근정전의 멋진 기와가 더 아름답게 보였음. 전물로 들어가는 문들이 미로처럼 보였음.
통인 시장	기름 떡볶이가 유명하다고 함. 기름 떡볶이, 누두전 등을 먹음.	처음 맛본 기름 떡볶이가 소하고 맛있었음.
청계천	청계천의 내려가 검음. 돌다리를 봄.	청계천의 잉어와 돌다리가 재미있었음.

끝 (감상, 다짐):
- 서울에는 갈 곳이 많다고 하나 다른 곳도 가 보고 싶음.
- 정에만 계시던 할머니께서 좋다고 하시고 좋다고 하시니 다음에도 모시고 가야겠다고 생각함.

> 일기는 하루 동안 겪은 일이나 생각에 대한 개인의 기록이므로 개인적인 느낌이나 생각을 걸음으로 쓰도록 해 봐.

일기의 형식은 여러 가지예요. 하루 동안 간 곳에서 느낀 감상을 기억하고 싶을 때에는 기행문 형식으로 일기를 쓰기도 해요.

글로 써 보기 정리한 내용을 바탕으로 기행문 형식의 일기를 써 봅니다.

쓴 날짜·날씨 20○○년 9월 5일 금요일   파란 하늘 맑은 날

제목 할머니와의 서울 나들이

처음
이번 주석에는 할머니를 모시고 서울 나들이를 하기로 했다. 할머니께서는 할머니 아주 좋아하셔서 나도 기분이 좋았다.

중간
제일 먼저 경복궁에 갔다. 해태가 반겨 주는 경복궁으로 들어가니 멋진 기와가 있는 근정전이 보였다. 가을 하늘이 파래서 근정전의 멋진 기와가 더 아름답게 느껴졌다. 근정전 뒤쪽으로 여러 전물이 있었는데, 전물로 들어가는 문들이 미로처럼 보였다. 전물들을 지나자 예쁜 연못이 향원지가 있었다. 우리 가족은 잠시 향원지 주변 의자에 앉아 쉬었다.
점심시간이 되어 경복궁을 나와 통인 시장으로 갔다. 엄마께서 이 시장은 기름 떡볶이가 유명하다고 먼저 말하고 하셨다. 기름 떡볶이라고 해서 느끼할 줄 알았는데 고소하고 맛있었다. 누두전, 닭꼬지 등도 먹었다. 시장에서 먹으니 더 맛있는 것 같았다.
통인 시장에서 나와 청계천으로 갔다. 할머니께서 걷는 속도에 맞춰 검으니 청계천의 아기자기한 모습이 더 잘 보였다. 커다란 잉어도 있고, 돌다리도 있어서 재미있었다.

끝
서울에 이렇게 갈 곳이 많은 줄 몰랐다. 아빠께서는 서울에는 여기 말고도 볼 곳이 많다고 하셨다. 다른 곳도 기대된다. 오랜만에 가족과 같이 나와서 좋았다. 특히 집에만 계시던 할머니께서 바람을 쐬어 좋다고 하시니 다음에도 모시고 가야겠다고 생각했다.

1주차 [1회 2회 3회 4회 **5회**]

글로 써 보기 정리한 내용을 바탕으로 기행문 형식의 일기를 써 보세요.

날짜	예 2000년 3월 20일 금요일
제목	예 빛의 도시 서울
날씨	예 파란 하늘 맑은 날

아빠의 휴일을 맞이하여 현장 체험 학습을 신청하고 가족들과 하루 종일 서울을 여행에 보기로 했다. 학교에 안 가고 여행을 하려니 특별한 기분이 들었다.

동대입구역에서 내린 우리는 먼저 국립극장에서부터 시작하여 남산 둘레길을 걸었다. 봄이 되어 나뭇잎이 파랗게 올라오니 싱그러운 느낌이 들었다.

남산 서울 타워 근처에 오니 식당들이 많았다. 우리 가족은 돈가스를 먹으러 갔다. 아빠께서는 남산 돈가스가 유명해서 꼭 먹어 봐야 한다고 하셨다. 유명해서인지 사람들이 많았고 돈가스도 양이 컸다. 돈가스는 맛있었지만, 소스의 맛이 특이하고 좋았다.

어느덧 날이 저물었다. 우리 가족은 야경을 보기 위해 남산 서울 타워로 가기로 했다. 드디어 남산 서울 타워에 들어갔다. 엘리베이터를 타며 가는 길에 빛이 공간이라. 주제로 전시가 되어 있었다. 화려한 화면이 멋져 보였다. 전망대로 올라가 보니 서울 시내가 한눈에 다 보였다. 엄마께서는 우리 동네가 보이는 곳으로 나를 데려갔다. 그런데 밤이라 잘 보이지 않았다. 하지만 저 가 좋지에 다니는 모습도 기분이 좋았다. 밤도 다 멋있었다. 마치 미래의 도시에 온 기분이라.

가족들과 특별한 하루를 보낼 수 있어서 좋았다. 특히 서울의 밤은 정말 아름다웠다.

> 읽기도 하루 동안 겪은 것은 있어나 국립극장이나 타워에 대한 기행문에 개인적인 느낌이나 생각을 덧붙여 쓰도록 해 봐.

이해의 첫걸음

내용 찾아보기 여행한 곳을 떠올려 보고 생각나는 대로 써 보세요.

예 남산 둘레길을 걸었음.

예 근처 식당에서 돈가스를 먹었음.

예 남산 서울 타워

예 빛의 공간 서울 야경을 봤음.

예
- 봄빛이 멋있었음.
- 밤이라 우리 동네가 잘 안 보여서 아쉬웠음.

> 시간을 나누어 간 곳을 생각해 보고, 본 것과 들은 것, 느낀 점을 정리하도록 해.

내용 정리하기 생각나는 대로 쓴 것 중 기억에 남는 여행을 기행문의 짜임에 맞춰 정리해 보세요.

처음 (여행 목적)

예 아빠의 휴일을 맞이하여 현장 체험 학습을 신청하고 가족들과 하루 종일 서울 여행을 다니기로 함.

중간 (여정, 견문, 감상)

여정	견문	감상
예 남산 둘레길	예 국립극장에서부터 시작하여 남산 둘레길을 걸었음.	예 봄이 되어 나뭇잎이 파랗게 올라오니 싱그러운 느낌이 들었음.
예 돈가스 식당	예 • 남산 돈가스가 유명하다고 함. • 식당에 사람들도 많고 돈가스도 컸음.	예 소스의 맛도 좋았음.
예 남산 서울 타워	예 • 빛의 공간 전시 • 전망대에서 서울 시내가 다 보였음.	예 • 화려한 화면이 멋져 보였음. • 서울 시내 야경이 멋있었음.

끝 (감상, 다짐)

예
- 가족들과 특별한 하루를 보낼 수 있어서 좋았음.
- 서울의 밤은 정말 아름다웠음.

사진 정리하기

유럽 여행에 대한 기행문을 쓰려고 사진을 정리하고 있어요. 여행 순서대로 사진 아래에 번호를 쓰세요.

힌트: 나라에 표시된 색과 같은 사진 액자의 테두리 색을 찾아 보세요.

스위스 융프라우 **3**

이탈리아 베네치아 **4**

스페인 쿠엘 공원 **1**

프랑스 베르사유 궁전 **2**

도착 / 출발

여행 다녀온 순서대로 정리해야지.

아하~ 알았어요

1 설명에 알맞은 글의 종류를 보기 에서 찾아 쓰세요.

보기   광고문   기행문   관찰 기록문   역사 사진 기록문

(1) 역사적으로 일어난 사건의 사실을 기록한 글입니다. 역사에 대한 객관적인 자료를 바탕으로 어떤 사건이 일어났는지 기록해야 합니다. (역사 사진 기록문)

(2) 사물이나 현상을 주의하여 자세히 살펴본 내용을 기록한 글입니다. 보통 동물이나 곤충, 식물, 자연의 변화 등을 시간을 두고 관찰하여 씁니다. (관찰 기록문)

(3) 여행하면서 보고, 듣고, 생각하거나 느낀 것을 자유롭게 적은 글입니다. (기행문)

(4) 어떤 대상에 대한 정보를 사람이 이해하도록 널리 알리는 글입니다. 대상의 내용을 알리는 일의 효과를 높이는 데 목적이 있습니다. (광고문)

해설 | 역사 사진 기록문과 관찰 기록문은 기록문에 속합니다. 여행 후 쓴 글은 기행문이고, 알리고 싶은 내용을 쓴 글은 광고문입니다.

해설 | 기행문에는 '여정, 견문, 감상'이 들어갑니다.

2 서로 관련 있는 것끼리 선으로 이으세요.

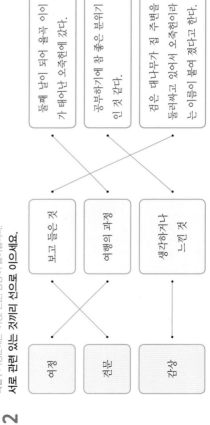

여정	보고 들은 것	둘째 날이 되어 율곡 이이가 태어난 오죽헌에 갔다.
견문	여행의 과정	공부하기에 참 좋은 분위기인 것 같다.
감상	생각하거나 느낀 것	검은 대나무가 집 주변을 둘러싸고 있어서 오죽헌이라는 이름이 붙여 졌다고 한다.

쓰기가
문해력
이다

5단계

2주차 정답과 해설

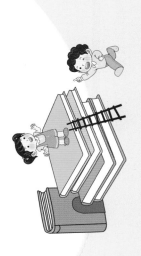

인물 중심으로 서평 쓰기

1회

어떻게 쓸까요

● 또박또박 쓴 글자를 한 번 따라 써 보면 글쓰기에 도움이 됩니다.

생각 모으기 책을 읽고 난 뒤 인물 중심으로 인상 깊은 장면이나 느낌을 생각나는 대로 써 봅니다.

- 헤르온이라는 별명을 가진 이로운이 반장이 됨.
- 이로운이 반장을 잘 해냄.
- 친구들과 협력함.

- 잘난 체만 하던 황제하가 협력하게 됨.
- 이로운은 반장 역할을 잘하려고 노력함.
- 이로운의 멘토, 명천이 반장이 됨.
- 로운이 자신감을 느끼게 됨.

잘못 뽑은 반장

- 제목이 끌림.
- 그림이 우스꽝스러움.

- 도전을 완성하는 친구에게 필요한 책임.
- 도전하면서 성장함.

> 서평에는 책의 내용과 책을 쓴 작가, 책을 읽은 소감, 책의 가치, 추천하는 내용 등이 들어가.

생각 정리 생각나는 대로 쓴 것을 바탕으로 서평에 쓸 내용을 인물 중심으로 정리해 봅니다.

제목: 헤르온에서 이로운으로, 성장하는 반장

줄거리
- '나만 빼고'라는 좌 '백희'의 많은 아들을 듣고 하라 나서 반장 선거에 나간 이로운은 진정한 반장으로 성장함.
- 반장으로 뽑아서 진정한 반장으로 성장함.

변화·가치·소감
- 이 책을 읽고 도전하는 용기가 필요했던 친구들에게 권함.
- 진정한 도전을 위해 계속 성장하게 될 것임.

글쓰기 정리한 내용을 바탕으로 인물 중심의 서평을 써 봅니다.

글 써 보기

헤르온에서 이로운으로, 성장하는 반장

제목

「잘못 뽑은 반장」이라는 제목을 보자마자 '이름 어쩌나?' 하고 걱정이 되었다. 과연 어떻게 될지도 궁금했다.

서론 / 주요 내용

'나만 빼고'라고 자신을 무시하는 좌 '백희'의 말에 화가 나서 반장 선거에 나간 이로운은 뜻밖에도 반장으로 뽑힌다. '헤르온'이라는 별명이 있을 정도로 말썽꾸러기 이로운은 반장 역할을 어떻게 해낼까?

본론 / 내용 (인물 중심)

이 책에는 로운이뿐 아니라 다양한 인물이 나온다. 선생님과 친구들에게 인정받아 반장 도우미를 한 '황제하', 장애가 있어 로운이를 힘들게 하지만 사랑스러운 누나인 '이루리', 로운이의 멘토가 되는 '명천이 반장'까지.

이로운이 반장이 된 첫날, 교실에 질서란 없었다. 이로운은 반장 역할을 포기하려는 마음이 들었지만 누나가 인정하는 명천이 반장 이야기를 듣고 자신감을 얻는다. 명천이 반장은 장애가 있는 학생임에도 불구하고 친구들의 우유 상자를 들어 주고, 우유도 대신 먹여 준다. 반 친구들을 위해 싸움도 한다. 반장다운 반장으로 성장하고 있었다.

로운이는 진정한 반장으로 성장한다. 합창 대회 때 지휘를 잘 하는 제하에게 지휘자의 역할을 넘겨주고, 자신은 소개하는 모은 이의 노력으로 잘난 하던 제하도 이로운의 협력자로 바뀐다.

결론 / 소감, 가치

이 책을 누구나 반장에 도전해 볼 수 있도록 용기를 주는 책이다.
도전하는 용기가 필요했던 친구들은 이 책을 꼭 읽어 보길 권한다.
진정한 도전을 위해 계속 성장하게 될 것이다.

> 인물 중심으로 서평을 쓰려면 인물을 통해 작가가 말하려는 것을 생각해 봐야 해.

● 서평은 책의 특징을 소개하거나 책을 읽은 소감과 더불어 책의 내용이나 가치를 평가한 글이에요. 서평은 감상뿐 아니라 책에 대한 평가를 담고 있어서 다른 사람이 그 책을 선택하는 데 도움을 줘요.

이해가 쏙쏙

◇ 생각 모으기
책을 읽고 난 뒤 인물 중심으로 인상 깊은 장면이나 느낌을 생각나는 대로 써 보세요.

예
- 부자 영감이 욕심을 부림.
- 총각이 나무 그늘을 삼.
- 총각이 부자 영감을 혼내 줌.

- 그림의 사람 표정이 재미있음.
- 제목이 재미있음.

(예 나무 그늘을 산 총각)

예
- 욕심 많은 부자 영감
- 지혜로운 총각

- 그늘을 산다는 상상이 재미있음.
- 조상의 지혜가 엿보임.

◇ 생각 정리
생각나는 대로 쓴 것을 바탕으로 서평에 쓸 내용을 인물 중심으로 정리해 보세요.

말풍선: 서평에는 책의 내용과 책을 쓴 작가, 책을 읽은 소감 등이 들어가, 책 추천하는 내용 등이 들어가.

제목 예 욕심이 과하면 해가 되나니

줄거리 예 부자 영감이 집 앞 나무 그늘에서 낮잠을 자던 총
각의 욕심을 부리자 자기 욕심에 맞당하게
...

인물

총각
예
- 지혜로운 인물로, 욕심부리는 부자 영감을 혼내 줌.
- 부자 영감이 떠난 집을 쉼터로 만들어 누구나 와서 쉬게 함.
- 총각의 행동을 통해 진정한 부자가 무엇인지 알려 주고 있음.

부자 영감
예
- 욕심을 너무 많이 부리면 자기 욕심에 넘어감.
- 총각의 지혜에 버티지 못하고 기와집을 떠남.
- 욕심을 부리면 망한다는 것을 알려 줌.

◇ 글로 써 보기
정리한 내용을 바탕으로 인물 중심의 서평을 써 보세요.

예 욕심이 과하면 해가 되나니

총각은 나무 그늘을 사서 무엇을 하려는 걸까? 제목을 보니 총각이 한 일이 무엇일
지 궁금했다. 「나무 그늘을 산 총각」은 나무 그늘에서 재멋 총각이 나무 그늘이 자기
것이라고 우기는 부자 영감에게서 나무 그늘을 산 이야기이다. 총각과 부자 영감은 어
떤 사람들이었을까?

총각은 참 어리석은 것 같지만 지실은 아주 지혜로운 인물이다. 총각는 부자 영감
이 어거구니없는 주장에 열 내지나 주고 나무 그늘을 산다. 해를 따라 방향을 바꾼 나
무 그늘을 따라 부자 영감네 집 안방까지 들어가게 될 총각는 친구들과 친저까지 불인
다. 버티지 못한 부자 영감은 자신의 기와집을 총각에게 떠나게 된다. 욕심을 부리다가 총각의
지혜에 넘어간 것이다.

총각은 멋지게 부자 영감을 쫓아냈지만 더 멋진 일을 한다. 부자 영감의 집을 자신
이 갖는 것이 아니라 누구나 쉬어 가는 나무 그늘을 쉼터로 만들었으니 말이다. 글쓴이는 지혜로운
총각을 통해 진정한 부자가 무엇인지 일깨워 주고 있다.

이 책에는 욕심을 너무 부리면 결국 자기 자신을 돌아보게 된다는 교훈이 담겨 있다.

진정한 부자는 나눔을 실천하는 사람이라는 것도 쉽게 말해 해 준다. 도과 성공을 위해 정
신없이 달려가는 사람들에게 잠시 자신을 돌아보는 시간을 갖게 해 주는 책이다.

말풍선: 인물 중심으로 서평을
쓰려면 인물 평가가 잘하라는 것을
생각해 보아야 해.

● 사건 중심으로 서평을 쓸 때에는 사건의 내용을 간단히 요약하고, 작가가 사건을 통해 말하려는 것이 무엇인지를 생각해 봐야 해요.

서평의 제목은 소개하려는 내용이 한눈에 드러나도록 압축해서 쓰면 좋아!

글로 써 보기 정리한 내용을 바탕으로 사건 중심의 서평을 써 봅니다.

차별의 순간, 용기 있는 행동

제목

처음
주요 내용

호기심 많은 소녀 사라는 버스 앞자리가 무엇이 특별한지 궁금했다. 베인만 앉을 수 있는 자리였기 때문이다.

버스 운전사는 사라에게 늘 그래 왔듯이 흑인의 자리로 가라고 한다. 하지만 이날 사라는 자신이 뒷자리에 갈 이유가 없다고 생각했다. 작가 윌리엄 밀러는 흑인 인권 운동에 관한 이야기를 주로 썼다. 『사라, 버스를 타다』도 그중의 하나이다. 이 책은 미국에서 실제로 일어난 '로사 팍스'의 버스 승차 거부 사건을 바탕으로 하고 있다.

중간
내용
(사건 중심)

난 '로사 팍스'의 버스 승차 거부 사건을 바탕으로 하고 있다.

사라는 법을 어겼다는 이유로 경찰서에 가게 된다. 그 이후 사라는 버스를 타지 않았다. 그의 용기와 생각에 함께하는 흑인들은 '버스 승차 거부 운동'을 벌이며 버스를 타지 않았다. 버스 회사와 시장은 당황했다. 마침내 옳지 않은 법은 바뀌었다. 어떤 소녀의 용기 있는 행동이 흑인들의 인권에 변화를 준 것이다.

작가는 이 사건을 통해 차별이 인종 차별처럼 현실을 알려 주고, 차별 없는 사회로의 변화를 요구하고 있다.

끝
소감, 가치

『사라, 버스를 타다』는 차별의 순간을 만날 때 옳은 것을 말할 수 있는 용기를 주는 책이다. 여전히 우리 주위에서 무시되는 인권에 대해 동아들을 수 있게 하는 책이다.

2주차 2회

사건 중심으로 서평 쓰기

● 우리게 쓴 글자를 한번 따라서 써 보면 글쓰기에 도움이 됩니다.

어떻게 쓸까요

생각 모으기 책을 읽고 떠오르는 것을 생각나는 대로 써 봅니다.

- 가사 · 운전사
- 사라 · 엄마

- 흑인 사라가 배인 자리에 앉음.
- 법을 어겼다는 이유로 경찰서에 가게 됨.
- 흑인들이 사라의 뜻을 따라 버스를 타지 않자, 법이 바뀜.

- 로사 팍스의 실제 이야기
- 작가는 흑인 인권 운동에 관한 이야기를 주로 씀.

- 차별의 순간을 만날 때 말할 수 있는 용기를 주는 책
- 인권에 대하여 생각해 볼 수 있는 책

사라, 버스를 타다

책을 선택하려는 사람들에게 도움을 주는 내용이 무엇인지 생각해 봐.

생각 정리 서평에 쓸 내용을 중요 사건 중심으로 정리해 봅니다.

제목 차별의 순간, 용기 있는 행동

줄거리
사라는 버스에 정해져 있는 흑인 자리를 거부하고 백인 자리에 앉았다는 이유로 경찰서에 가게 됨. 흑인들이 사라의 뜻을 따라 버스를 타지 않자, 잘못된 법이 바뀌게 됨.

중요 사건
- 미국의 로사 팍스의 실화를 바탕으로 한 이야기임.
- 사라는 법을 어겼다는 이유로 경찰서에 다녀온 후, 버스를 타지 않게 됨.
- 흑인들이 사라의 뜻을 따라 버스를 타지 않자, 잘못된 법이 바뀜.
- 작가 윌리엄 밀러는 흑인 인권 운동에 관한 이야기를 주로 씀.
- 작가는 이 사건을 통해 인종 차별의 현실을 알려 주고, 차별 없는 사회로의 변화를 요구함.

작가가 소감
- 인권에 대하여 생각해 볼 수 있는 책
- 차별의 순간을 만날 때 당당하게 말할 수 있는 용기를 주는 책

서평의 제목은 소개하려는 내용이 한눈에 드러나도록 압축해서 쓰면 좋아.

✎ 서평에 쓰기 정리한 내용을 바탕으로 사건 중심의 서평을 써 보세요.

예) 여자라고 못 하겠어? 조선 사람이라고 왜 못하겠어?

내 꿈은 무엇인가?조선 사람이라고 우리나라 최초의 여자 비행사인 권기옥의 일대기를 담은 그림책이다. 권기옥은 열일곱 살 때 처음 비행기를 보고 비행사가 되었다는 꿈을 꾼다. 그리고 일제 강점기의 고단한 삶을 살면서도 끝까지 자신의 꿈을 포기하지 않는다.

이 책은 권기옥 할머니가 평안도 방안으로 들려주는 옛이야기로 시작된다. 할머니는 어린 시절부터 비행사가 되기까지 일어난 사건들을 담담하게 들려준다.

열일곱 살 때 큰 꿈을 이루기 위해 권기옥은 중국의 비행 학교를 찾아가지만, 여자라는 이유로 꿈을 이루지 못한다. 그런데 어떻게 비행사가 되었을까? 권기옥은 절대 포기하지 않고 직접 기필코 비행사가 되어야겠다고 당당하게 말한다. 이에 감명받은 일본군 비행사의 꿈을 이룬다.

작가는 이 사건을 통해 빛이 있어도 꿈을 포기하지 말라고 말한다. 권기옥을 통해 어려움을 만나도 극복할 수 있다는 것을 보여 준 것이다. 조선이고 교과서에도 수록된 이 책은 꿈을 꾸다 현실에 막힌 친구들, 꿈을 꾸기도 힘든 상황에 있는 친구들에게 용기를 주는 책이다. 막막한 위인전이라기보다 그림과 사진만으로도 많은 것을 이야기해 주는 편안한 느낌의 위인전이다.

이해 빠 평가

✎ 떠오른 생각 책을 읽고 떠오르는 것을 생각나는 대로 써 보세요.

예) • 최초의 여자 비행사, 권기옥 이야기
• 독립운동가

예) • 열일곱 살 때 처음 비행기를 보고 비행사가 되는 꿈을 꿈.
• 중국 비행 학교에 여자라 들어갈 수 없었음.
• 여자라는 벽을 넘어 비행사가 됨.

예) 내 꿈은 무엇인가?

예) • 오려 붙인 사진과 그림이 섞여서 생생한 느낌
• 할머니가 사투리로 이야기를 들려주는 듯한 느낌

예) • 꿈을 꾸는 5학년 학생이 읽을 책
• 위인전기를 삶으려하는 친구들이 편안하게 위인의 이야기를 접할 수 있는 책

책을 선택하려는 사람들에게 도움을 주는 내용이 무엇인지 생각해 봐.

✎ 생각 정리 서평에 쓸 내용을 중요 사건 중심으로 정리해 보세요.

예) 여자라고 못 하겠어? 조선 사람이라고 왜 못하겠어?

예) • 권기옥은 열일곱 살 때 처음 비행기를 보고, 비행사가 되는 꿈을 꾸어섰음.
• 꿈을 포기하지 않고 우리나라 최초의 여자 비행사가 됨.

예) • 여자는 들어가지 못하는 비행 학교에 담겨요 장군의 추천을 받아 들어감.
• 할머니가 어린 시절부터 비행사가 되기까지 일어난 사건들을 담담하게 들려줌.
• 오려 붙인 배경 속의 그림과 사진이 당시 사건을 생생하게 느껴지게 함.

예) • 꿈을 이루기까지의 사건에서 그려워 열정이 느껴지
기 힘든 상황에 있는 친구들이나 꿈조차 꾸
기 힘든 상황에 있는 친구들에게 용기를 주는
책임.
• 막막한 위인전이라기보다 그림과 사진만으로
도 많은 것을 이야기해 주는 편안한 느낌의
위인전임.

뉴스 기사문 쓰기

어떻게 쓸까요

▶ 순리에 쓴 글자를 한번 따라 써 보면 글쓰기에 도움이 됩니다.

생각 모으기

뉴스 기사문으로 어떤 내용을 써야 할지 육하원칙으로 써 봅니다.

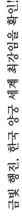

금빛 행진, 한국 양궁 세계 최강임을 확인!

- [제목] 금빛 행진, 한국 양궁 세계 최강임을 확인!
- [언제(때)] 20○○년 9월 10~17일
- [어디서(곳)] 미국, 세계양궁선수권대회
- [누가(인물)] 한국 양궁 대표 선수들
- [무엇을(사건)] 금메달 5개, 동메달 1개
- [어떻게(상황, 방법)] 2011년 이후 혼성 단체전 도입으로 금메달 수가 5개로 늘어남.
- [왜(원인, 이유)] 금빛 행진, 세계양궁선수권대회 전 종목 석권

생각 정리

육하원칙으로 쓴 것을 바탕으로 기사 내용을 정리해 봅니다.

뉴스 기사문을 쓸 때, 사람들이 관심을 가질 만한 내용, 알릴 만한 가치가 있는 내용, 최신 정보를 기사거리로 정해야 해.

제목
금빛 행진, 한국 양궁 세계 최강임을 확인!

아나운서 (내용 요약)
· 20○○년 9월 10일부터 미국에서 일주일간 실시된 세계양궁선수권대회에서 한국 양궁이 세계 최강임을 확인함.
· 금메달 5개와 동메달 1개의 성적으로 전 종목을 석권하는 쾌거를 이룸.

기사 (자세한 내용)
· 장하다 선수와 김두리 선수가 남녀 개인전에서 금메달을 땀.
· 여자 단체전과 남자 단체전, 혼성 단체전에서 각각 정상을 차지함.
· 금메달 5개, 동메달 1개로 2011년 이후 세계양궁선수권대회에서 사상 첫 전 종목 석권을 함.

(tip) 기사문은 누가, 언제, 어디서, 무엇을, 어떻게, 왜의 육하원칙에 따라 해당하는 내용을 간결하게 씁니다.

● 기사문은 보고 들은 사실을 육하원칙에 따라 간결하게 정리하여 쓴 글이에요. 뉴스 기사문은 뉴스를 통해 기사문으로 쓴 내용을 보도하는 글이지요.

뉴스 기사문은 '제목–아나운서의 요약–기사'의 순으로 쓰고, 높임말을 사용하여 일반인이 쓰여질 때

글로 써 보기

정리한 내용을 바탕으로 뉴스 기사문을 써 봅니다.

금빛 행진, 한국 양궁 세계 최강임을 확인!

[제목]

[아나운서 요약]
20○○년 9월 10일부터 미국에서 일주일간 실시된 세계양궁선수권대회에서 한국 양궁이 세계 최강임을 확인했습니다. 한국 양궁은 금메달 5개와 동메달 1개의 좋은 성적으로 전 종목을 석권하는 쾌거를 이루었습니다.

김신영 기자가 전해드립니다.

[기사 / 자세한 내용 전달]
장하다 개인전 선수는 탭을 쏘아 미국을 꺾고 금메달을 땄습니다. 이어진 남자 단체전에서는 김두리 선수가 브라질 선수를 누르고 금메달을 목에 걸었습니다.

개인전 금메달에 이어 단체전에서도 금빛 행진이 이어졌습니다. 김두리, 오상인, 조인태 선수가 남자 단체전에서, 장하다, 강진미, 안미라 선수가 여자 단체전에서 각각 세계 정상을 차지하였습니다. 혼성 단체전 역시 김두리와 안미라 선수가 세계 최강임을 증명했습니다.

세계양궁선수권대회에 처음 출전한 장하다 선수는 여자 단체전과 개인전에서 금메달 2관왕을 이뤄 냈습니다. 김두리 선수는 남자 단체전에 이어 개인전까지 제패하여 3관왕의 주인공이 되었습니다. 2011년 이후 혼성 단체전 도입으로 금메달 수가 5개로 늘어난 세계양궁선수권대회에서 사상 첫 전 종목 석권입니다.

춘결승에서 3관왕 도전에 실패했던 안미라 선수는 메스점을 쌓고 동메달을 획득했습니다.

한국 양궁은 금메달 5개로 전 종목을 석권하고, 동메달 1개까지 추가하여, 최고의 성적으로 세계양궁선수권대회를 마쳤습니다.

□□뉴스 TV 김신영 기자였습니다.

이것이 글쓰기다

생각 모으기
뉴스 기사문으로 어떤 내용을 쓸지 함께 육하원칙으로 써 보세요.

- 제목 → 예) 학교 예술제
- 언제(時) → 예) 20○○년 9월 10~18일 오전 9:00~12:00시
- 어디에(場) → 예) 본교 강당
- 누가(人物) → 예) 1~6학년 학생들
- 무엇을(事件) → 예) 여러 가지 학생들의 공연을 선보이
- 어떻게(방법) → 예) • 1학년 모두꾸러기 춤, 2학년 소고 춤, 3학년 리코더 연주 • 4학년 포크 댄스, 5학년 합주, 6학년 자유 댄스
- 왜(이유) → 예) 1년 동안 배운 예술 수업을 종합하려고

> 뉴스 기사문을 쓸 때, 사람들이 관심을 가질 만한 내용, 믿을 만한 가치가 있는 내용, 최신 정보를 기삿거리로 정해야 해.

생각 정리
육하원칙으로 쓴 것을 바탕으로 기사 내용을 정리해 보세요.

제목
예) 가을 예술제, 여러 가지 학생들의 공연 선보여

아나운서 (내용 요약)
예) • 일주일간 학교 예술제가 우리 학교 강당에서 실시됨. • 학생들의 여러 가지 공연을 볼 수 있음.

기사 (자세한 내용)
예) • 요즘 우리 학교는 예술제 준비로 분주함. • 1년 동안 배운 예술 수업을 종합하기 위해서 진행하는 예술제임. • 1학년은 모두꾸러기 춤, 2학년은 소고 춤, 3학년은 리코더 연주를 함. • 4학년은 포크 댄스, 5학년은 합주, 6학년은 자유 댄스를 함. • 다채로운 학년별 내용이 기대됨.

정답과 해설

글로 써 보기
정리한 내용을 바탕으로 뉴스 기사문을 써 보세요.

제목
예) 가을 예술제, 여러 가지 학생들의 공연 선보여

아나운서
20○○년 9월 10~18일, 오전 9시부터 12시까지 일주일간 가을 예술제가 진행됩니다. 본교 강당에서 실시되는 이번 예술제에서는 학생들의 여러 가지 공연을 볼 수 있다고 합니다. 김수현 기자가 전해드립니다.

기사
요즘 우리 학교는 다음 주에 진행되는 가을 예술제 준비로 분주합니다. 1년 동안 배운 예술 수업을 종합하기 위해서 진행하는 예술제이니만큼 진지하고도 즐거운 표정으로 연습하는 친구들을 볼 수 있습니다. 1학년은 모두꾸러기 춤, 2학년은 소고 춤, 3학년은 리코더 연주를 하며, 4학년은 포크 댄스, 5학년은 합주, 6학년은 자유 댄스를 공연한다고 합니다. 다채로운 학년별 공연이 매우 기대됩니다. 학생 여러분의 많은 관심 부탁드립니다. 이상으로 □□ 뉴스 김수현 기자였습니다.

> 뉴스 기사문은 '계속~', '아나운서~이야기 ...' 자세한 내용, '~수습니다' 등 사용하여 높임말이 있어야 해.

(tip) 뉴스 기사문은 여러 사람들에게 사실을 전달하는 글이므로 높임말을 사용합니다.

신문 기사문 쓰기

2주차 4회

어떻게 쓸까요

● 흐리게 쓴 글자를 한번 따라 써 보면 글쓰기에 도움이 됩니다.

신문 기사문으로 어떤 내용을 새와 함지 육하원칙으로 써 봅니다.

생각 모으기

→ 제목: 20○○년 한글날 행사, 다양한 이벤트와 문화 행사
→ 언제(때): 20○○년 10월 5~11일
→ 어디서(곳): 한글 박물관, 한글 주간 누리집 등
→ 누가(인물): 문화체육관광부 주관
→ 무엇을(사건): 한글 주간 행사, '우리의 한글, 세계를 잇다'를 주제로
→ 어떻게(방법, 과정): 온·오프라인으로 다양한 프로그램 진행
→ 왜(원인, 이유): 한글날을 맞이하여 한글의 가치를 되새기고자

생각 정리: 육하원칙으로 쓴 것을 바탕으로 기사 내용을 정리해 봅니다.

표제 (큰제목)	20○○년 한글날 행사, 다양한 이벤트와 문화 행사
부제 (작은 제목)	한글날을 맞아 공연, 손편지 쓰기 등 다양한 프로그램 준비
전문 (기사 내용 요약)	10월 9일 한글날을 맞아 한글 주간 행사가 문화체육관광부 주관으로 10월 5일부터 11일까지 진행됨.
본문 (자세한 내용)	• 한글의 가치를 되새기고자 다양한 프로그램을 기획함. • '우리의 한글, 세계를 잇다'를 주제로 공연, 전시, 체험, 이벤트 등 다양한 문화 축제를 진행함. • 음악회, 소리 음악극 등의 공연과 한글 박물관에서 다양한 전시를 볼 수 있음. • 한글 손편지 쓰기, 한글 주간 4행사 이벤트 등 다양한 이벤트도 준비되어 있음.
해설 (참고, 추가 설명)	한글 주간 행사들은 예약을 통해 이루어지며, 한글 주간 누리집을 통해 자세한 내용을 확인할 수 있음.

> 기사문을 보고 들은 사실을 정확한 자료를 바탕으로 간결하게 써야 해.

글을 써 보기: 정리한 내용을 바탕으로 뉴스 기사문을 써 봅니다.

20○○년 한글날 행사, 다양한 이벤트와 문화 행사
— 한글날을 맞아 공연, 손편지 쓰기 등 다양한 프로그램 준비 —

(표제)
(부제)

(전문) 10월 9일 한글날을 맞아 한글 주간 행사가 문화체육관광부 주관으로 10월 5일부터 11일까지 7일간 진행된다.

문화체육관광부는 한글날을 맞이하여 한글의 가치를 되새기고자 다양한 프로그램을 기획하였다. '우리의 한글, 세계를 잇다'를 주제로 공연, 전시, 체험, 이벤트 등 다양한 문화 축제가 온·오프라인으로 진행된다.

음악회 〈별 헤는 밤 다시 피어난 우리의 음악〉, 소리 음악극 〈세종〉 등 무대에서 펼쳐지는 다양한 공연을 직접 즐길 수 있다. 유튜브를 통해서도 〈한글날 노래〉 공연 영상, 〈다시 보는 우리의 역사〉 공연 영상을 볼 수 있다.

한글 박물관에서는 다양한 전시도 보고 직접 체험을 할 수 있다. 기획 특별전 〈세계의 친구를 안녕?〉, 〈한글 사진 공모전〉 수상작 전시를 볼 수 있으며, 한글 문화 체험 '한글 놀이터'에서 체험 활동도 가능하다.

다양한 이벤트도 준비되어 있다. 한글 손편지 쓰기, 한글 주간 4 행사 이벤트, 구독 이벤트, 인증 이벤트 등 온라인 참여 행사가 다양하게 준비되어 있다.

이러한 한글 주간 온·오프라인 행사들은 예약을 통해 이루어지며, 자세한 내용은 한글 주간 누리집을 통해 확인할 수 있다.

— 송지민 기자

(해설)

> 신문 기사문은 신문을 통해 정보와 사실을 전달하는 글이에요. 신문 기사문은 '큰제목(표제)' '작은 제목(부제)' — 전체 기사 요약(전문) — 자세한 내용(본문) — 참고 사항이나 덧붙이는 부분(해설)로 되어 있어요.

> 큰제목(표제)은 기사의 전체적인 내용을 한눈에 알아보도록하는 제목이고, 작은 제목(부제)은 더 구체적으로 내용을 알려 주는 제목이야.

이해가 쏙쏙

생각 모으기

신문 기사문으로 어떤 내용을 써야 할지 육하원칙으로 써 보세요.

제목 → 예) 5학년 3반 김슬기 학생, 환경 사랑 그림 그리기 대회 최우수상

언제(때) → 예) 20○○년 5월 4일

어디서(곳) → 예) ○○구청에서 실시한 '환경 사랑 그림 그리기 대회'에서

누가(인물) → 예) 5학년 3반 김슬기 학생이

무엇을(사건) → 예) 최우수상을 수상함.

어떻게(상황, 방법) → 예)
• ○○구청에서 환경 문제에 관심을 갖고, 환경 보존 의식을 높이기 위해 대회를 개최함.
• 초등 저학년 부문은 약 200점, 초등 고학년 부문은 약 100점 등 총 300여 점이 접수됨.

왜(원인, 이유) → 예) 미래의 희망인 친환경 사회를 밝게 표현하여서

> 기사문은 보고 들은 사실을 정확한 자료를 바탕으로 간결하게 써야 해.

생각 정리

육하원칙으로 쓴 것을 바탕으로 기사 내용을 정리해 봅니다.

표제(큰제목) : 예) 5학년 3반 김슬기 학생, 환경 사랑 그림 그리기 대회 최우수상

부제(작은 제목) : 예) 미래의 희망인 친환경 사회를 그려 최우수상 수상

전문(기사 내용 요약) : 예) ○○구청에서 20○○년 5월 4일에 실시한 '환경 사랑 그림 그리기 대회'에서 우리 학교 5학년 김슬기 학생이 최우수상을 수상함.

본문(자세한 내용) :
• ○○구청에서 어린이들이 환경 문제에 관심을 갖고, 환경 보존 의식을 높이기 위해 대회를 개최함.
• 초등 저학년 부문은 약 200점, 초등 고학년 부문은 약 100점 등 총 300여 점이 접수됨.
• 김슬기 학생은 미래의 희망인 친환경 사회를 밝게 받아 친환경 사회를 표현했다고 말함.
• 교장 선생님께서 교내 방송을 통해 김슬기 학생의 그림처럼 희망찬 친환경 사회를 위해 노력하자고 말씀하심.

해설(참고, 추가 설명) : 예) 김슬기 학생의 그림은 ○○구 광장에 전시되어 있고, 학교 홈페이지를 통해 확인할 수 있음.

글로 써 보기

정리한 내용을 바탕으로 신문 기사문을 써 보세요.

예) 5학년 1반 김슬기 학생, 환경 사랑 그림 그리기 대회 최우수상
– 미래의 희망인 친환경 사회를 그려 최우수상 수상 –

○○구청에서 20○○년 5월 4일에 실시한 '환경 사랑 그림 그리기 대회'에서 우리 학교 김슬기 학생이 최우수상을 수상하였다.

○○구청에서는 환경 문제에 관심을 갖고, 환경 보존 의식을 높이기 위해 대회를 실시하였다. 초등 저학년 부문 약 200점, 초등 고학년 부문 약 100점 등 총 300여 점의 작품이 접수됐다. 이름 중, 초등 고학년 부문에서 우리 학교 5학년 김슬기 학생이 최우수상을 수상하여 친구들의 관심을 모으고 있다.

김슬기 학생을 만나본 결과, 미래의 희망인 친환경 사회를 밝게 표현한 것이 높은 점수를 받은 것 같다고 말했다. 우리 학교 교장 선생님께서도 교내 방송을 통해 시상하면서 김슬기 학생의 그림처럼 우리 모두 희망찬 친환경 사회를 위해 노력하자는 말씀을 전했다.

김슬기 학생의 그림은 ○○구 광장에 전시되어 있고, 학교 홈페이지를 통해서도 확인할 수 있다.

– 최별빛 기자 –

> 큰 제목(표제)은 기사에 전체적인 내용을 한눈에 알아볼 수 있도록 하는 제목이고, 작은 제목(부제)은 더 구체적으로 내용을 설명하는 제목이에요.

일기는 여러 가지 형식으로 쓸 수 있어요. 하루 동안 겪은 일이나 느낀점을 되돌아보고 기억하기 위해 기사문 형식으로 일기를 쓰기도 해요.

기사문 형식으로 일기 쓰기

어떻게 쓸까요

💬 일기는 개인의 생각이나 느낌을 드러낸 글이므로 기사문 형식으로 쓰더라도 느낌이 드러나야 해.

✏️ 초등 4~6학년 쓰는 글자를 한번 따라 써 보면 글쓰기에 도움이 됩니다.

글 내용 정리 오늘 하루 겪었던 일 중에서 기억에 남는 일을 정리해 봅니다.

☀ 하교에 갈 때 승민이를 만나 같이 감.

☀ 다음 주에 있을 줄넘기 대회에 대하여 선생님께서 이야기해 주심.

🌙 동생과 간식을 먹고 숙제를 함.

💬 어제, 어디서, 어떤 일이 있었는지 소식을 알리는 기사를 쓴다고 생각하고 정리해 봐.

생각 정리 오늘 하루 동안 겪은 일 중에서 인상 깊은 일을 육하원칙에 맞게 정리해 봅니다.

제목	→ 줄넘기 대회에서 상을 탈 거야
언제(때)	→ 20○○년 5월 20일, 알림장을 쓰는 시간
어디서(곳)	→ 교실
누가(인물)	→ 선생님
무엇을(사건)	→ 다음 달에 있을 줄넘기 대회에 대한 규칙을 알려 줌.
어떻게(상황·방법)	→ 줄넘기 대회는 모둠발 뛰기로 1차 선발을 한 후, 줄넘기 2단 뛰기로 등수를 가림. • 5학년 기준 2단 뛰기는 10개 이상 해야 상을 받을 수 있음. • 2단 뛰기인 쌩쌩이가 자신이 없음. • 2단 뛰기인 쌩쌩이를 10개 이상 할 수 있도록 열심히 연습해야겠음.
왜(원인·이유)	→ 줄넘기 대회에서 상을 받기 위해서

글쓰기 예시 정리한 내용을 바탕으로 기사문 형식의 일기를 써 봅니다.

날짜(연, 월, 일)	20○○년 5월 20일
날씨	구름 한 점 없이 맑은 날
제목	줄넘기 대회에서 상을 탈 거야

드디어 줄넘기 대회가 열리다
– 모둠발 뛰기를 거쳐 2단 뛰기로 등수를 가림 –

표제

부제

전문 교실에서 알림장을 쓰는 시간에 선생님께서 다음 달에 있을 줄넘기 대회에 대하여 정기 규칙을 알려 주셨다. 줄넘기 대회는 모둠발 뛰기로 1차 선발을 한 후, 줄넘기 2단 뛰기로 등수를 가린다고 한다.

본문 줄넘기 대회는 우리 학교에서 매년 열리는 행사이다. 학생들의 건강 증진을 위해 실시하는 이 대회는 일 년 동안 꾸준히 줄넘기를 연습한 학생들의 실력을 평가하여 장려하고 상을 준다.

4학년 때까지는 모둠발 뛰기를 오래 하는 학생들에게 상을 주었는데, 5학년이 되니 줄넘기를 2단 뛰기까지 한다고 한다. 작년 5학년 기준, 줄넘기 2단 뛰기를 10번 이상 해야 상을 받는다고 한다.

나는 모둠발 뛰기는 잘 해서 작년 줄넘기 대회에서는 상을 받았다. 그런데 줄넘기 2단 뛰기인 쌩쌩이가 자신이 없다. 10개까지 뛰어야 한다니 잘 할 수 있을지 걱정이 된다.

해설 남은 기간 동안 줄넘기 2단 뛰기인 쌩쌩이를 열심히 연습해서 줄넘기 대회에서 꼭 상을 받아야겠다.

글쓰기 마당

정리한 내용을 바탕으로 기사문 형식의 일기를 써 봅니다.

날짜	예) 20○○년 6월 10일
날씨	예) 화창하고 맑은 날
제목	예) 장미 축제에 다녀온 날
일기 내용	예) 꽃의 여왕, 장미 축제의 장미 열림

장미의 아름다움이 느껴지는 장미 축제가 열린다고 한다. 장미
축제 가족과 함께 참여하다

이 계절을 맞이하여 장미의 아름다움을 전하기 위한 행사라고 한다.

6월 10일 일요일, 우리 가족은 장미 축제가 열리는 놀이공원에 갔다. 놀이공원의

입구에 들어서자 장미 축제를 알리는 장미들이 형형색색으로 피어 있었다. 장미 광

장 곳곳에는 장미 사진관이 있어 사진을 찍을 수 있게 해 놓았다. 우리 가족도 장미

사진관에서 멋진 사진을 찍었다. 사진관과 이어진 장미 꽃길 사이를 지나가면 장미

의 진한 향기를 맡을 수 있었다.

저녁이 되자 엘이디(LED) 등이 켜지면서 장미 광장은 순식간에 공연장으로 변하

였다. 사람들은 잔디에 삼삼오오 모여 앉아 공연을 관람하였다. 우리 가족도 잔디에

앉아 박수치며 공연을 함께 즐겼다.

축제에 참여하며 즐기고, 장미 향기를 맡으니 기분이 너무 좋았다. 가족들과 같이

찍은 사진도 정말 예뻤다. 장미 축제가 오래도록

기억에 남을 것 같다.

> 일기는 개인의 생각이나 느낌이 드러난 글이므로 기사문 형식으로 쓰더라도 드러나게 해야 해

어휘 마당

오늘 하루 겪었던 일 중에서 기억에 남는 일을 정리해 보세요.

예) 가족들과 함께 장미 축제가 열리는 놀이공원에 감.

예) 저녁에 가족들과 함께 놀이공원에서 찍은 사진을 정리함.

예) 너무 피곤하여 일찍 잠자리에 듦.

생각 정리

오늘 하루 동안 겪은 일 중에서 인상 깊은 일을 육하원칙에 맞게 정리해 봅니다.

제목	예) 장미의 아름다움이 느껴지는 장미 축제
언제(때)	예) 20○○년 6월 10일
어디서(곳)	예) 장미 축제가 열리는 놀이공원
누가(인물)	예) 우리 가족
무엇을(일)	예) 장미 축제에 참여함.
어떻게(과정)	예) 장미 사진관에서 사진을 찍음. / 장미의 진한 향기를 맡음. / 장미 광장에서 공연을 관람하며 즐김.
왜(까닭/이유)	예) 장미의 아름다움을 느끼기 위해서

> 언제, 어디서, 어떤 일이 일어났는지 소식을 알리는 기사를 쓴다고 생각하고 정리해 봐!

참 잘했어요

사라진 동상 찾기

🔍 박물관에 전시되어 있던 동상이 사라졌어요. 누구의 동상이 사라졌는지 써 보세요.

힌트: 전시장 안의 소개 그림과 기자의 인터뷰 내용을 잘 살펴보세요.

아하! 알았어요

1 빈칸에 알맞은 말을 〈보기〉에서 찾아 쓰세요.

보기 | 독서 감상문 신문 뉴스 서평

(1) [독서 감상문] 은/는 책을 읽은 후 생각을 자유롭게 적은 글, [서평] 은/는 그 책에 대한 내용이나 가치를 평가하는 글입니다.

(2) [뉴스] 기사문은 아나운서가 전체적인 내용을 소개하고 기자가 자세한 내용을 높임 말투로 소개하지만, [신문] 기사문은 기자가 전체적인 내용을 소개하고 글을 쓸 때 사용하는 말로 씁니다.

해설 | 책을 읽은 후 쓰는 글이라는 공통점이 있지만 '서평'은 책에 대한 평가를 하는 책이다.

2 책에 대한 가치를 평가한 글에 ○표 하세요.

(1) 이 책은 누구나 반장에 도전하게 하는 책이다. ( )

(2) 이 책은 차별의 순간을 만날 때 옳은 것을 말할 수 있는 용기를 주는 책이다. ( )

(3) 이 책의 제목을 보자마자 '이름 어째나'하고 걱정이 되었다. ( )

(4) 이 책에는 모음이 빠른 아니라 다양한 인물이 나온다. ( )

해설 | 책의 책이 가치나 수준 따위를 평가한 글은 (1)과 (2)입니다.

3 글을 쓰는 순서에 맞게 기호를 쓰시오.

(1) 뉴스 기사문
㉠ 제목   ㉡ 기사의 자세한 내용
㉢ 아나운서의 요약

( ) → ( ) → ( )

(2) 신문 기사문
㉠ 표제-큰 제목   ㉡ 본문-자세한 내용
㉢ 부제-작은 제목   ㉣ 전문-전체 기사 요약
㉤ 해설-덧붙이는 부분

( ) → ( ) → ( ) → ( ) → ( )

해설 | 뉴스 기사문은 뉴스의 제목에 이어 아나운서의 요약이 나온 후 기자가 자세한 내용을 전합니다.

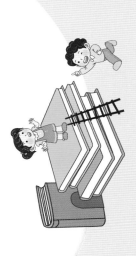

쓰기가
문해력
이다

5단계

3주차 정답과 해설

제안하는 글은 문제 상황과 문제 해결 방안을 여러 사람에게 알려 더 좋은 쪽으로 문제를 해결하기 위하여 쓰는 글이에요.

글로 써 보기
정리한 내용을 바탕으로 제안하는 글을 써 봅니다.

(tip) 제목은 미리 정해도 좋지만, 쓴 내용을 모두 정리한 뒤에 붙여도 좋습니다. 제안하는 내용이 잘 드러나게 제목을 붙여 봅니다.

놀이터에 쓰레기를 함부로 버리지 맙시다

[문제 상황] 우리는 친구들과 놀이터에서 많은 시간을 보냅니다. 아이들은 놀이터에서 놀이 기구를 사용하여 놀고, 어른들은 의자에 앉아 휴식을 취하기도 합니다. 그런데 놀이터에 과자 봉지와 음료수 병 등 쓰레기가 함부로 버려져 있어서 불쾌한 느낌을 받은 적이 많습니다.

[제안하는 내용/제안하는 의견] 놀이터를 사용하는 사람들이 놀이터에 쓰레기를 버리지 않으면 좋겠습니다. 놀이터는 많은 사람이 휴식을 취하거나 놀이하는 공간인데 쓰레기가 많으면 마음의 안정을 얻을 수 없습니다. 깨끗하지 않은 놀이터는 이곳을 가장 많이 이용하는 아이들의 건강에도 좋지 않습니다.

[제안하는 까닭/나아지는 점] 놀이터는 우리들의 소중한 공간입니다. 놀이터에 쓰레기를 버리지 않으면 놀이터를 이용하는 사람들이 편안하게 휴식을 취하고 놀이를 즐길 수 있을 것입니다.

제안하는 글을 쓸 때에는 읽는 사람이 누구인지 생각하고, 읽는 사람이 실천할 수 있는 내용인지도 살펴봐야 해.

(tip) 제안하는 글을 쓸 때에는 '~합시다.', '~하면 좋겠습니다.', '~하면 어떨까요?' 등의 표현을 주로 사용합니다.

제안하는 글쓰기

어떻게 쓸까요?

충분하게 쓴 글자를 한번 따라 써 보면 글쓰기에 도움이 됩니다.

문제 상황 떠올리기
우리 주변에서 일어나는 문제 상황을 떠올려 봅니다.

물을 함부로 사용한다.

무단 횡단을 한다.

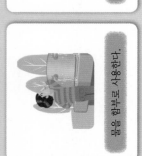

쓰레기를 함부로 버린다.

제안하는 글에는 문제 상황과 제안하는 내용, 제안하는 까닭, 제안한 내용대로 했을 때 무엇이 나아지는지가 들어가.

내용 정리하기
문제 상황 중에서 한 가지를 정하여 제안하는 글을 쓸 때 들어갈 내용을 정리해 봅니다.

문제 상황	어떤 문제가 있는지 자세히 써요.
	친구들과 놀이터에 갔는데, 쓰레기가 많이 떨어져 있었다.
제안 내용 (의견)	문제를 해결하기 위한 자신의 제안을 써요.
	놀이터에 쓰레기를 함부로 버리지 말자
제안하는 까닭	왜 그런 제안을 했는지 까닭을 써요.
	1. 쓰레기가 많으면 마음이 안정을 얻을 수 없다.
	2. 아이들의 건강에 좋지 않다.
제안하는 대상	제안하는 글을 읽을 사람이 누구인지 생각해요.
	놀이터에 오는 사람들
나아지는 점	제안대로 했을 때 나아지는 상황을 써요.
	놀이터에 쓰레기를 버리지 않으면 놀이터를 이용하는 사람들이 편안하게 휴식을 취하고 놀이를 즐길 수 있을 것이다.

이해하며 읽기

문제 상황 떠올리기

학급에서 일어나는 문제 상황을 떠올려 보세요.

칠판에 낙서를 한다.

학급 문고를 정리하지 않는다.

교실에서 공놀이를 한다.

> 제안하는 글에는 문제 상황과 제안하는 내용이 있어요. 제안하는 까닭, 제안한 내용대로 했을 때 무엇이 나아지는지가 들어가.

내용 정리하기

문제 상황 중에서 한 가지를 정하여 제안하는 글을 쓸 때 들어갈 내용을 정리해 보세요.

문제 상황
어떤 문제가 있는지 자세히 쓰세요.
예) 아침 시간이나 쉬는 시간에 학급 도서를 읽고 제대로 정리하지 않는다.

제안 내용 (의견)
문제를 해결하기 위한 자신의 제안을 쓰세요.
예) 학급 문고는 사용한 사람이 스스로 정리해 주세요.

제안하는 까닭
왜 그런 제안을 했는지 까닭을 쓰세요.
예) 1. 책을 가져간 사람이 책의 자리를 잘 기억하여 정리하기 쉽다.
2. 책이 제대로 정리가 되어 있으면 따로 시간을 내서 정리할 필요가 없다.
3. 뒷사람이 사용하기 좋다.

제안하는 대상
제안하는 글을 읽을 사람이 누구인지 생각해요.
예) 학급 친구들

나아지는 점
제안대로 했을 때 나아지는 상황을 쓰세요.
예) 학급 문고를 사용한 사람이 스스로 책장을 정리한다면 우리 반 친구들이 깨끗한 환경에서 편리하게 책을 읽을 수 있다.

글을 써 보기

정리한 내용을 바탕으로 제안하는 글을 써 보세요.

예) 학급 문고는 스스로 정리해 주세요

우리는 아침 자율 학습 시간과 쉬는 시간에 학급 문고를 많이 이용합니다. 자투리 시간에 책을 쉽게 꺼내 볼 수 있어서 학급 문고는 교실에서 꼭 필요한 공간입니다. 그런데 학급 문고에서 책을 꺼내고 할 때 아무렇게나 꽂혀 있는 책도을 볼 수 있습니다. 심지어 책장 위에서 뒹구는 책, 바닥에 떨어져 있는 책도 볼 수 있습니다.

학급 문고는 사용한 사람이 스스로 정리하면 좋겠습니다. 요즘 책들은 크기가 다양해서 크기별로 책의 자리가 정해져 있습니다. 책을 가져간 사람이 스스로 정리한다면 책을 잘 기억하여 정리하기 쉽습니다. 또 책이 제대로 정리가 되어 있다면 자리를 내서 따로 정리할 필요가 없고, 다음 사람이 사용하기 좋습니다.

학급 문고를 사용한 사람이 스스로 책장을 정리한다면 우리 반 친구들이 깨끗한 환경에서 편리하게 책을 읽을 수 있습니다.

> 제안하는 글을 쓸 때에는 읽는 사람이 누구인지 생각하고, 읽는 사람이 실천할 수 있는 내용인지도 살펴봐야 해.

주장하는 글은 어떤 주제에 대한 자기의 생각이나 주장을 내세워 다른 사람을 설득하는 글이에요. 주장하는 글에는 글쓴이의 주장과 이를 뒷받침하는 근거가 있어야 해요.

> 주장하는 글은 서론-본론-결론으로 구성되어 있어. 서론에서는 글을 쓰게 된 문제 상황과 글의 의도를 밝히고, 본론에서는 의견에 대한 생각과 제시하고, 결론에서는 주장을 다시 한번 강조하는 것이죠.

글로 써 보기
정리한 내용을 바탕으로 주장하는 글을 써 봅니다.

급식을 남기지 말자

(서론: 글을 쓰게 된 문제 상황)

학교에서 학생들이 가장 기다리는 시간은 급식 시간이다. 오전 내내 공부하면서 지치고 힘든 체력을 보충할 수 있기 때문이다. 그러나 자신이 좋아하지 않는 급식 메뉴가 나왔을 때 음식을 다 먹기보다는 남겨서 버리는 경우가 많다. 그러나 급식을 남기기 전에 생각해야 할 것들이 있다.

(본론: 까닭과 근거)

첫째, 급식은 영양이 골고루 들어간 식단이어서 남기지 않고 먹는 것이 건강에 좋다. 영양사 선생님께서도 성장기 학생들이 섭취해야 하는 탄수화물, 단백질, 지방, 비타민과 무기질, 칼슘의 5대 영양소를 골고루 섭취할 수 있도록 식단표를 짜고, 좋은 재료로 점심 한 끼를 만들어 주신다. 이렇게 만들어진 급식을 남기면 영양소를 골고루 섭취할 수 없고 성장에도 문제가 생길 수 있다.

둘째, 급식 쓰레기는 환경에도 좋지 않고, 자원이 낭비된다. 음식물 쓰레기는 분해되면서 온실가스가 배출되고, 페수는 물을 오염시켜 동물들이 해를 입는다. 뿐만 아니라 ○○일보의 보도 자료에 의하면, 2019년 기준으로 약 314억 원이라는 음식물 쓰레기 처리 비용이 들어가고 있으며, 해마다 늘어나고 있다고 한다.

(결론: 주장 강조)

그러므로 급식을 남기지 말아야 한다. 나의 건강과 지구의 건강을 위해 급식을 남김없이 다 먹자.

(tip) 주장하는 글에서는 서론과 결론에서 주장을 제시하기도 하고 결론에서 주장을 재조명하기도 합니다. 까닭을 쓸 때에도 반드시 첫째, 둘째, 셋째 등을 사용해야 하는 것은 아닙니다. 문맥을 나누어 까닭을 붙일 수 있습니다.

주장하는 글쓰기 1

이렇게 쓸까요
훈리개 쓴 글자를 한번 따라 써 보면 글쓰기에 도움이 됩니다.

생각 모으기
다음 그림을 보고 떠오르는 생각을 써 봅니다.

급식 시간: 영양소 · 맛있다 · 건강 · 맛있는 반찬 · 먹기 싫은 반찬

음식물 쓰레기: 환경 문제 · 냄새 · 처리 비용 · 자원 낭비

> 이것을 뒷받침하는 까닭이 작성한지 생각해 보아야 해. 글쓰기 전에 읽을거리 근거를 찾아 자료를 정리해 보면 좋아.

문제 상황
• 급식을 남기는 학생이 많다. • 음식물 쓰레기가 많이 나온다.

내용 정리하기
떠오른 생각을 바탕으로 나의 주장과 근거를 정리해 봅니다.

주장
급식을 남기지 말자

까닭 1
급식은 영양이 골고루 들어 있어서 다 먹는 것이 건강에 좋다.

뒷받침 자료
학교에는 영양사 선생님이 계신다. 영양사 선생님은 학생들이 섭취해야 하는 5대 영양소를 기초로 식단표를 작성하고, 신선한 식품 재료를 선정하여 우리에게 필요하게 영양분이 들어간 음식을 제공해 주신다.

까닭 2
급식 후 나오는 음식물 쓰레기는 환경에 좋지 않고, 자원이 낭비된다.

뒷받침 자료
• 음식물 쓰레기는 분해되면서 온실가스가 배출되고, 고농도 폐수가 나와 수질 오염이 된다.
• 2016년 약 233억 원, 2017년 약 233억 원, 2018년 약 240억 원, 2019년 약 314억 원으로 학교 급식 음식물 처리 비용이 늘어나고 있다.

(tip) 글쓴이가 내세우는 생각을 '주장'이라고 하고, 이를 뒷받침하는 내용을 '근거'라고 합니다.

이끌어 쓰기

생각 열기

다음 그림을 보고 떠오르는 생각을 써 보세요.

비대면 상황
예) • 취급밥 • 수업 • 공부 • 검색

스마트폰 과다 사용
예) • 중독 • 게임 • 유튜브 • 영상 • 사이버 폭력 • 건강 문제 심각

문제 상황
예) 스마트폰의 과다 사용으로 많은 문제가 발생하고 있다.

> 이것을 뒷받침하는 까닭이 적절한지 생각해 보아야 해. 글을 쓰기 전에 까닭을 찾아 자료를 정리해 보면 좋아.

내용 정리하기

떠오른 생각을 바탕으로 나의 주장과 근거를 정리해 보세요.

주장
예) 스마트폰 과다 사용을 줄여야 한다

까닭 1
예) 스마트폰의 과다한 사용은 정신 건강을 해친다.

뒷받침 자료
청소년을 대상으로 시행된 스마트폰 중독에 대한 부작용 연구에 따르면, 수면 장애, 우울증, 편집증, 적대감, 공포, 불안 등이 나타난다고 한다.

까닭 2
예) 스마트폰의 과다한 사용은 몸 건강을 해친다.

뒷받침 자료
• 잘못된 자세가 굳어지면 얼굴도 기울어짐으로 바뀐다.
• 화면을 들여다보게 자세는 자세보다 목과 어깨 건강을 해친다.
• 고개를 숙이고 스마트폰을 오랫동안 들여다보면 목이 하중이 커져 척추뼈가 틀어진다.

이어 쓰기

정리한 내용을 바탕으로 주장하는 글을 써 보세요.

예) 스마트폰 과다 사용을 줄이자

사회가 비대면 상황에 놓이면서 청소년들의 스마트폰 사용이 늘어나고 있다. 게임과 영상, 대화방 등을 편리하게 사용할 수 있어서 스마트폰을 줄 제한지 못하고 과다 사용을 한다는 것이다. 청소년에게 스마트폰 사용은 이대로 괜찮을까?

먼저 스마트폰의 과다한 사용은 정신 건강을 해친다. 게임과 영상 시청을 오랜 시간 하는 중 모르고 하다가 늦게 잠을 자는 청소년들이 많다. 피곤한 상태에서 등교를 하므로 학교생활을 제대로 하지 못하거나, 저녁이 되면 게임과 영상 시청을 다시 시작하는 악순환이 계속된다. 이러한 습관은 스마트폰 중독을 만들어 수면 장애, 우울증, 공포와 불안 등의 정신 질환을 만든다.

또한 스마트폰의 과다한 사용은 몸 건강을 해친다. 하루 중 종일 스마트폰을 보는 자세는 피로감을 높이고, 집중력을 낮춘다. 거북목과 척추 틀어짐 등 바른다. 거리를 다니며 스마트폰에 집중하는 사람들은 사고에 직접적으로 노출이 되기도 한다.

그러므로 스마트폰 과다 사용을 줄여야 한다. 스스로 사용 시간을 제한하고 몸과 마음의 건강을 관리해야 한다. 스마트폰이 지혜로운 사용이 스마트폰으로 인한 편리한 삶을 누릴 수 있게 한다.

> 주장하는 글은 '서론 - 본론 - 결론'으로 구성되어 있어. 서론에서는 글을 쓰게 된 문제 상황과 글쓴이의 의견을 밝히고, 본론에서는 의견에 대한 까닭을 제시하고, 결론에서는 주장을 다시 한번 강조해.

주장하는 글쓰기 2

3주차 3회

이렇게 쓸까요

⭐ 우리말 쓴 글자를 한번 따라 써 보면 글쓰기에 도움이 됩니다.

내용 정리하기 다음 그림을 보고 원인과 결과를 생각해 보고, 자신의 의견을 정리해 봅니다.

원인	사람들이 플라스틱 쓰레기를 많이 사용하고, 함부로 버린다.
결과	플라스틱 섬이 생겼다. 플라스틱 쓰레기가 지구의 환경을 위협한다.
의견	플라스틱 쓰레기를 줄이자.

주장하는 내용에 대한
원인과 결과의 짜임이 잘있는지 생각
하며 글을 구성해야 해.

자료 정리하기 의견을 바탕으로 내용에 알맞은 뒷받침 자료를 정리해 봅니다.

의견(주장) 플라스틱 쓰레기를 줄이자

원인

원인의 뒷받침 자료

- 플라스틱은 생활용품을 이용하였지만, 쓰레기 처리와 쓰레기섬에 대해서는 미처 생각하지 못했다.
- 플라스틱은 잘 깨지지 않고, 형태 변형이 쉬우며, 가벼워서 우리 생활에 많이 쓰이는 편리한 소재이다. 빨대나 컵과 같은 일회용 용기, 식품의 저장 용기, 장난감과 인형의 재료 등으로 편리하게 쓰인다.
- 땅속에서 플라스틱의 자연 분해 기간은 500년 이상이다.

결과

결과의 뒷받침 자료

- 플라스틱 쓰레기가 되어 지구의 환경을 위협하고 사람에게 돌아왔다.
- 쓰레기섬이 태양에 의해 녹으면서 온실가스를 배출하고, 플라스틱을 먹은 해양 생물이 질병을 일으키는 것이다.

글로 써 보기 정리한 내용을 바탕으로 원인과 결과를 들어 주장하는 글을 써 봅니다.

플라스틱 쓰레기를 줄이자

서론 (문제 상황)

북태평양 바다 위에서 지도에는 없는 섬이 발견되었다. 1997년 요트 선수인 찰스 무어가 시합 중에 발견한 섬의 모습은 처음 썼다. 섬 전체가 쓰레기였기 때문이다. 바닷속에 버려진 쓰레기들이 순환 해류를 타고 모이면서 우리나라 면적의 약 7배 크기의 쓰레기섬이 된 것이다. 바람과 파도에 의해 바다로 유입된 쓰레기는 대부분이 플라스틱이라고 한다.

본론 (원인과 결과)

플라스틱은 편리한 소재이다. 빨대나 컵과 같은 일회용 용기, 식품의 저장 용기, 장난감과 인형 등의 재료로 다양하게 쓰인다. 사람들은 편리한 플라스틱 생활용품을 이용하지만, 이것이 생각한 서 자연 분해되는 시간은 500년 이상이라 걸린다는 사실은 생각하고 쓰레기섬을 만들 것이라고는 아무도 생각하지 못한다. 땅에 묻혀 쓰레기섬은 파도에 의해 잘게 부서진 플라스틱이 해류를 타고 쓰레기섬을 만들고, 파도에 의해 녹으면서 해양 생물의 먹이가 되고, 플라스틱을 먹은 해양 생물은 질병을 일으킨다. 그 해양 생물을 먹는 사람도 질병을 일으킨다. 사람의 편리를 위해 만든 플라스틱은 오히려 쓰레기가 되어 지구의 환경을 위협하고 결국 사람에게로 돌아왔다.

결론 (주장 강조)

우리는 플라스틱 쓰레기를 줄여야 한다. 일회용 플라스틱 용품보다는 재사용할 수 있는 생활용품으로 바꾸어야 한다. 플라스틱 쓰레기를 줄이는 일이 나를 위한 일이고, 우리 지구를 위한 길이다.

원인과 결과를 들어 주장하는 글에서 '원인'은 어떤 사물 또는 상태를 변화시키거나 일으키게 하는 일이나 사건이에요. '결과는 이러한 원인의 결말이에요. 원인이 있어서 결과가 있는 것이지요.

결과에는 원인이 있고, 원인에는 결과가 있어.
그리고 결과는 다음 사건의 원인이 되기도 해. 주장하는 글에서
하나의 원인과 결과만 나타날 수 있는 것은 아니야!

이렇게 써 봐요

의견 정리하기
다음 그림을 보고 원인과 결과를 생각해 보고, 자신의 의견을 정리해 보세요.

원인 예 생활이 너무 바빠서 패스트푸드를 많이 먹는다.

결과 예 살이 찌고 건강에 좋지 않다. 비만에 걸린다.

의견 예 건강한 식사를 하자. 영양소가 골고루 풍부한 식사를 하자. 패스트푸드를 멀리 말자.

자료 정리하기
의견을 바탕으로 내용을 뒷받침할 자료를 정리해 보세요.

주장하는 내용에 대한 원인과 결과의 짜임이 알맞은지 생각하며 글을 구성해야 해.

의견(주장) 예 영양소가 잘 갖춰진 건강한 식사를 하자.

원인 예 패스트푸드를 먹기 시작했다.

원인의 뒷받침 자료
예 • 햄버거, 피자, 닭튀김, 도넛 등과 같이 간단한 조리 과정을 거쳐 제공되는 음식인 패스트푸드는 빠른 시간에 주요 식단 중 하나로 자리 잡고 있다.

결과 예 비만 인구가 증가했다.

결과의 뒷받침 자료
예 • ○○병원 건강 상식에 의하면, 패스트푸드 안에는 건강에 유익한 식이섬유와 비타민, 무기질 등의 영양소는 부족하고 트랜스 지방, 설탕과 나트륨과 비만을 부른다.
• 한국인의 비만 인구 비율은 1995년 20.5%에서 2004년 32%로 증가했다.
• 고열량 음식과 패스트푸드 등의 섭취가 비만의 원인이다.

글쓰기

글 써 보기
정리한 내용을 바탕으로 원인과 결과를 들어 주장하는 글을 써 보세요.

예 건강한 식사를 하자

우리 생활이 점점 바빠지고 있다. 아침에 일어나서 학교에 가기 전, 아침밥을 먹기도 바쁘다. 학교에서 돌아와서도 바로 학원을 가야 하는 학생들은 간식을 챙겨 먹기도 힘들다. 사람들은 이러한 바쁜 일상을 위해 햄버거와 같은 패스트푸드를 먹기 시작했다. 빠른 시간에 간편하게 먹을 수 있고 맛도 좋았기 때문이다.

패스트푸드를 즐겨 먹다 보니 이상한 일이 벌어졌다. 한국인의 비만 인구 비율은 1995년 20.5%에서 2004년 32%로 증가하더니 이후 계속해서 비만 인구가 늘어나고 있는 것이다. 패스트푸드는 열량은 높지만 건강에 유익한 식이섬유, 무기질 등의 영양소는 부족하고 트랜스 지방, 설탕과 나트륨 등의 함량이 높아서 영양 불균형과 비만을 부른 것이다. 가공 정제한 노릇이 되는 등 건강에 좋지 않다. 비만은 단순히 뚱뚱한 것을 말하는 것이 아니다. 비만은 고혈압과 당뇨, 각종 질환의 원인이 되는 등 건강에 대한 이상 신호이다.

바쁘고 힘들더라도 건강한 식사를 해야 한다. 내가 먹은 음식이 나의 건강이 된다. 바빠다고 눈에 보이는 음식을 신택하기보다, 나의 건강을 먼저 생각하여 영양소가 잘 갖추어진 건강한 식사를 하자.

결과에는 원인이 있고, 원인에는 결과가 있어. 그리고 결과는 다음 사건의 원인이 되기도 해. 주장하는 글에서 하나의 원인과 결과만 나타날 수 있는 것은 아니야.

'유세문'은 독자의 감정에 호소하여 자기의 의사에 따르게 할 목적으로 쓴 글이에요. 일정한 집단의 대표 자를 뽑는 선거에서 연설을 통해 자기주장을 널리 알리기 위해 쓴 글을 선거 유세문이에요.

글로 써 보기

정리한 내용을 바탕으로 전교 회장 선거 유세문을 써 봅니다.

전교 회장 선거 유세문

처음 (나온 까닭)

안녕하십니까? 저는 전교 회장 후보로 나온 기호 1번 김ㅇㅇ입니다.

여러분은 어떤 학교를 원하십니까? 공부 열심히 하는 학교를 원하십니까? 친구들과 사이좋게 지내는 학교를 원하십니까?

저는 걱정이 없는 학교를 만들기 위해 이 자리에 섰습니다.

여러분은 걱정이 비 오는 날 우산이 없어서 걱정한 적이 있으신 가요? 화장실에 휴지가 없어서 걱정한 적은 없으신가요? 친구 문제로 걱정한 적은 있으십니까?

중간 (공약 관심을 끄는 말)

제가 회장이 된다면 우선 학교 차원에서 우산 대여 시설을 설 치하여 우산을 안 가져온 친구에 걱정을 덜어드리겠습니다. 또한, 화장실 칸마다 있었던 휴지를 칸마다 설치하는 것을 건의하여 휴지 걱정 없는 화장실을 만들겠습니다. 상담실 선생님과 협의하 여 상담실을 많이 만들어 친구 때문에 걱정하는 교우들과 소통하 겠습니다. 끝으로 여러분이 걱정을 들어 주는 전교 회장이 되겠습 니다. 여러분들과 걱정되는 부분을 같이 이야기하여 걱정 없는 을 가운 학교를 만들어 가겠습니다.

끝 (마무리 강조)

저를 전교 회장으로 뽑아 주신다면 친구들이 걱정하는 것을 그 냥 지나치지 않고, 걱정 없는 학교를 만들기 위해 노력하겠습니 다. 감사합니다.

> 선거 유세문에서는 자신이 어떤 선거에 나왔는지, 자신이 누구인지 밝혀야 해.

(tip) 공약은 선거 입후보자가 집단의 대표자가 되면 어떤 실행을 할 것인지 약속하는 것입니다. 공약은 대표자가 당선되었을 때 반드시 지켜야 하는 것이므로 실천할 수 있는 내용을 제시해야 합니다.

선거 유세문 쓰기

어떻게 쓸까요

(tip) 선거 유세문은 처음 부분에서 선거에 후보로 나온 이유를 밝히고, 중간 부분에서 공약을 구체적으로 밝혀 씁니다. 이때 청중이 관심을 갖도록 쓰는 것이 좋습니다. 마지막으로 끝부분에서 마무리합니다.

생각 정리하기

좋은 학교를 만들기 위해서 전교 회장이 할 일을 생각해 봅니다.

학생 대상 공약
- 친구들과 소통하는 행사를 만들 어 친구들과의 문제를 줄인다.
- 친구들의 의견을 잘 듣고 불편 한 점이 무엇인지 살핀다.
- 재미있는 학교 행사를 추진한다.

전교 회장

학교 대상 공약
- 비 오는 날 우산을 안 가져온 친 구들에게 우산을 대여한다.
- 화장실 칸마다 휴지를 걸어 둔다.
- 학생들이 느끼는 불편함을 정리 하여 학교와 소통한다.

> 전교 회장이 시행할 수 있는 선거 공약을 말해야 친구들을 설득할 수 있어.

내용 정리하기

생각한 것을 바탕으로 전교 회장 선거 공약을 정리해 봅니다.

만들고 싶은 학교

걱정이 없는 학교 만들기

공약

- 비가 와도 걱정이 없도록 우산 대여 시설 설치하기
- 화장실 칸마다 휴지로 설치로 휴지 걱정 없는 화장실 만들기
- 상담실을 만들어 교우 관계 걱정 없는 학교 만들기
- 고민되는 부분을 같이 이야기하여 걱정 없는 학교 만들기

(tip) 학교마다 '전교 회장', '학교 회장', '전교 어린이 회장' 등으로 이름은 다르게 쓸 수 있습니다.

글로 써 보기

정리한 내용을 바탕으로 학급 회장 선거 유세문을 써 보세요.

예 학급 회장 선거 유세문

안녕하세요? 저는 학급 회장 후보, 기호 2번 정예린입니다.

저는 우리 반을 즐겁게 만들기 위해 이 자리에 나왔습니다.

우리는 초등학교 입학 후 지금까지 5년째 학교를 다니고 있습니다. 앞으로는 고등학교까지 7년, 대학까지 다닌다면 11년을 더 학교에 다녀야 합니다. 그런데 학교가 지겹다면 얼마나 힘들겠습니까? 저는 학교생활이 신나고 즐거워야 한다고 생각합니다.

즐거운 우리 반을 위해 아침마다 인사하며 서로의 기분을 묻는 시간을 갖겠습니다. 우리 반 친구들이 더 친해지는 계기가 될 수 있을 것입니다. 또 우리 반 친구들과 게임 시간을 갖겠습니다. 우리 반 친구들이 칭찬받을 때마다 올라가는 학급 온도계를 만들어, 온도계가 다 올라가면 재미있는 게임과 다양한 학급 행사를 할 수 있도록 담임 선생님께 제안하여 주신하 겠습니다. 이러한 활동으로 우리 반 친구들은 더욱 더 학교생활을 열심히 하고 즐겁게 학교를 다니게 될 것입니다.

저를 학급 회장으로 뽑아 주신다면 앞에서 말씀드린 내용과 더불어 우리 반 친구들의 이견에 귀 기울여 즐겁고 즐거운 반을 만들겠습니다. 감사합니다.

선거 유세문에서는 자신이 어떤 선거에 나왔는지, 자신이 누구인지 밝혀야 해.

이해 써먹기

생각 정리하기
좋은 학급을 만들기 위해서 학급 회장이 할 일을 생각해 보세요.

학급 친구 대상 공약
예
• 친구들과 소통하여 의견을 듣는다.
• 친구들과 게임을 하면서 친해진다.
• 이침 인사를 하면서 친해지게 지낸다.

학급 회장

학급 지원 공약
예
• 학용품 나눔을 해서 필요한 친구에게 준다.
• 즐거운 학급을 위해 담임 선생님과 소통하고, 필요한 일을 건의한다.
• 학급 온도계를 만들어 학급 행사를 연다.

학급에서 실천할 수 있는 내용을 골라야 선택해야 해. 공약은 우리 반 어린이의 학교생활이 편안해지고 즐거워지는 공약으로 정하는 게 좋아. 생각한 내용을 정리해 봐.

내용 정리하기
생각한 것을 바탕으로 학급 회장 선거 공약을 정리해 보세요.

만들고 싶은 학급
예 • 즐겁고 재미있는 학급 만들기

공약
예
• 아침마다 인사하며 서로의 기분 확인하기
• 친구들과 게임 시간 갖기
• 학급 온도계를 만들어 다양한 행사 추진하기
• 친구들의 의견에 귀 기울여 즐거운 반 만들기
• 담임 선생님과 소통해서 즐거운 학급을 위한 일 건의하기

연설문 쓰기

'연설'은 여러 사람 앞에서 자기의 주장을 이야기하는 것이에요. 이렇게 연설을 하기 위해 쓴 글을 '연설문'이라고 해요. 연설문은 공식적인 말하기로, 여러 사람 앞에서 말하는 상황이므로 높임 표현을 써야 해요.

> 연설문은 여러 사람 앞에서 연설하기 위해 쓰는 글이므로 제일 먼저 자신이 누구인지 밝혀야 해.

글로 써 보기
정리한 내용을 바탕으로 연설문을 써 봅니다.

지구촌 불 끄기 운동에 참여합시다

처음 / 관심 끌기

안녕하십니까? 저는 ○○초등학교 5학년 이승현입니다. 1년에 한 번, 우리 모두 한 시간 동안 불을 끈다면 어떤 일이 일어날까요? 아주 큰 일이 일어납니다. 바로 소나무 112만 그루 이상을 심는 효과가 일어납니다.

중간 / 까닭 1, 까닭 2

저는 오늘 여러분과 '지구촌 불 끄기' 운동, 지구를 위한 한 시간을 함께하고자 이 자리에 섰습니다. 이 운동은 3월 마지막 토요일, 저녁 8시 30분부터 한 시간 동안 진행됩니다. 2007년 호주에서 시작된 이 운동은 현재 지구촌의 188개 국 이상이 함께 참여하고 있습니다.

지구촌 불 끄기 운동은 지구 온난화의 대응을 위한 일입니다. 지구 온난화란 전기 사용으로 인한 탄소 배출로 지구의 온도가 상승하는 것입니다. 지구 온난화로 빙하가 녹으면서 지구촌 곳곳에서 평소 날씨와 다른 폭설, 홍수, 기온 상승 등 기후 변화가 일어나 많은 사람에게 피해를 주고 있습니다.

그런데 지구촌 불 끄기 운동에 우리 모두가 동참한다면 지구 온난화를 늦출 수 있습니다. 1년에 한 번 1시간의 전기 절약이 기후 변화를 막을 수 있느냐고요? 2012년에 서울에서 실시한 불 끄기 행사에서는 서울의 남산 타워, 기업과 가정 등 약 60만 개의 건물이 참여하여 약 23억 원의 에너지를 절약했다고 합니다. 전 세계에서 참여한다면 엄청난 에너지가 절약되는 것입니다.

끝 / 주장, 강조

여러분, 3월 마지막 토요일 저녁 8시 30분부터 시작하는 지구촌 불 끄기 행사에 모두 참여합시다. 우리의 작은 실천이 아름다운 지구를 지킬 수 있습니다. 들어주셔서 감사합니다.

3주차 5회

연설문 쓰기

이렇게 쓸까요

> 순서에 쓴 글자를 한번 따라 써 보면 글쓰기에 도움이 됩니다.

생각 정리하기
다음 그림을 보고 떠오르는 생각을 자유롭게 써 봅니다.

- 전기 절약을 해야 한다.
- 환경 보호를 해야 한다.
- 지구 온난화가 심해진다.
- 탄소 배출이 심각하다.
- 지구 사랑 방법을 생각하자.
- 지구촌 행사에 참여하자.
- 기후 변화가 곳곳에서 일어난다.

내 불 끄기 운동 / 에너지 절약

> 뒷받침하는 근거를 검색해서 찾아봐! 근거가 정확해야 설득력이 있어.

내용 정리하기
생각한 것을 바탕으로 나의 주장과 근거를 정리해 봅니다.

제목: 연설하고 싶은 내용을 쓰세요.
- 지구촌 불 끄기 운동에 참여합시다

처음: 듣는 이의 관심을 모을 말로 시작하려는 이야기를 쓰세요.
- 1년에 한 번, 우리 모두 한 시간만 불을 끈다면 어떤 일이 일어날까요? 불 끄기 운동에 참여합시다.
- 불 끄기 운동은 2007년 호주에서 시작된 운동으로, 불을 끄면 ... 해 노력하자는 운동입니다.

중간: 설득하려는 내용의 까닭을 밝혀요. 설득을 뒷받침하는 근거를 조사하여 구체적으로 제시해요.
- 지구 온난화에 대응하는 일입니다. 지구 온난화는 전기 사용으로 인한 탄소 배출로 지구의 온도가 상승하는 것입니다.
- 모두가 동참하면 지구 온난화를 늦출 수 있습니다. 2012년 서울에서 실시한 불 끄기 행사에는 약 60만 개의 건물이 참여하여 23억 원의 에너지를 절약한 사례가 있습니다.

끝: 설득하려는 내용을 종합하고 듣는 이의 변화를 이끌기 위해서 희망적인 마무리를 해요.
- 3월 마지막 토요일, 저녁 8시 30분부터 시작하는 지구촌 불 끄기 운동에 모두 참여하여 우리의 작은 실천으로 아름다운 지구를 지킵시다.

글로 써 보기 정리한 내용을 바탕으로 연설문을 써 보세요.

예) **독서를 합시다**

독서하기 좋은 날씨입니다. 안녕하세요, 여러분. 저는 독서의

계절을 맞이하여 여러분께 독서 이야기를 하려고 이 자리에 섰습니다.

'독서는 지루한데……' 이렇게 생각하시는 분도, 독서라는 말이 나와서 신앙

하셨죠? 책을 읽으라는 말은 어른들께 너무 많이 들은 이야기이니까요. 그렇다

면 어른들은 왜 그토록 독서를 강조하는 걸까요?

첫째, 독서는 지식을 확장하고 정리 방법을 이해하는 데 좋습니다. 책을 많이

읽으면 세로운 지식을 머릿속에 이미 알고 있는 지식의 머릿속에 정리되어

새로운 지식이 연결됩니다. 공부를 잘하고 싶은 여러분, 책을 읽을수록 새로운

지식이 쌓이면서 배경지식이 많아져 공부가 쉬워집니다.

둘째, 마음을 건강하게 해 줍니다. 그들의 생각들을 공유하면서 나의 생활을 반성하고 지유

하기 때문이죠, 마음이 힘들수록 책을 읽어 보세요. 새로운 힘이 돋아납니다.

여러분 여러분, 독서는 아무리 강조해도 부족할 정도로 우리에게 필요한 것

입니다. 좋은 계절, 독서를 많이 해서 지식도 쌓고 마음도 건강해지는 우리가

됩시다! 들어주셔서 감사합니다.

> 연설문은 여러 사람 앞에서 연설하기 위해 쓰는 글이므로 제일 먼저 자신이 누구인지 밝혀야 해

(tip) 듣는 마음이 어린이일 때는 어린이 여러분이라고 쓰고 쉬운 말을 사용하면 좋습니다.

오늘의 공부

생각 정리하기 다음 그림을 보고 떠오르는 생각을 자유롭게 써 보세요.

- 예) 여러 가지 지식이 많다.
- 읽었던 내용에 깊이가 생겼다.
- 예) 새로운 내용을 알게 되어 기쁘다.
- 내 삶과 비교해서 반성하게 된다.
- 예) 주인공처럼 열심히 살아야겠다고 생각했다.
- 예) 나처럼 힘든 친구를 보니 위로가 된다.

> 설득하려는 내용이나 까닭에 알맞은 근거를 찾아, 구체적으로 제시하면 좋아. 설득하려는 내용과 관련하여 글쓴이의 관심을 모은 내용도 찾아봐.

내용 정리하기 생각한 것을 바탕으로 연설문에 들어갈 내용을 정리해 보세요.

제목 연설하고 싶은 내용을 쓰세요.
예) 독서를 합시다

처음 듣는 이의 관심을 모두 말하려 하는 이야기를 쓰세요.
예) 독서하기 좋은 날씨입니다. 독서 이야기를 하려고 이 자리에 섰습니다.
'독서는 지루한데……' 이렇게 생각하시는 분도, 독서라는 말이 나와서 많이 심망하셨죠?

중간 설득하려는 내용의 까닭을 밝혀요. 설득을 뒷받침하는 근거를 조사하여 구체적으로 제시해요.
예) 첫째, 지식을 확장할 수 있습니다. 관련 지식이 많아지고, 기존 지식이 새로운... 어휘력, 상상력이 풍부해짐
둘째, 마음을 건강하게 해 줍니다. 간접 경험으로 생각이 넓어지고 결을 지우할 수 있습니다. 마음을 지우함
수도 있습니다.

끝 설득하려는 내용을 종합하고 듣는 이의 변화를 이끌기 위해서 희망적인 마무리를 해요.
예) 독서를 많이 해서 지식도 쌓고 마음도 건강해지는 우리가 되길 바랍시다.

참 잘했어요

환경 시계 되돌리기

지구의 미래 환경을 걱정하는 사람들이 많아요. 환경위기시계를 뒤로 돌리기 위해 할 수 있는 일을 제안해 보세요.

힌트: 생활 속에서 실천할 수 있는 작은 것들부터 생각해 보세요.

10대 환경 운동가 그레타 툰베리, 미국 뉴욕에서 열린 UN 기후행동 정상회의에서 연설

2021년 우리나라의 환경위기시계

9:38

우리가 할 수 있는 일

예
- 음식물 쓰레기를 줄이자.
- 일회용품 사용을 줄이자.
- 대중교통을 이용하자.
- 친환경 제품을 사용하자.
- 세제나 샴푸는 조금만 사용하자.

해설 | 환경위기시계는 2005년부터 매년 환경 파괴와 미래에 대한 위기 정도를 시간으로 표현한 것입니다.

어휘~ 알아봤어요

1 빈칸에 알맞은 말을 보기 에서 찾아 쓰세요.

보기

| 주장 | 선거 | 결과 | 설득 | 해결 | 원인 |

(1) 제안하는 글은 문제 상황과 해결 방법을 여러 사람에게 알려 어느 쪽으로 문제를 [해결] 하기 위하여 쓰는 글입니다.

(2) 주장하는 글은 자신의 주장을 짜임새 있게 밝혀 밝혀 다른 사람을 [설득] 하기 위한 글입니다.

(3) [원인] 은/는 어떤 사물 또는 상태를 변화시키거나 일으키게 하는 일이나 사건임니다. [결과] 은/는 이러한 원인의 결말입니다.

(4) [선거] 유세문은 일정한 집단의 대표자를 뽑는 [선거] 에서 자기 주장을 널리 알리기 위한 연설을 하기 위하여 쓴 글입니다.

(5) 연설은 여러 사람 앞에서 자기의 [주장] 을 이야기하는 것이에요. 이렇게 연설을 하기 위해 쓰는 글을 연설문이라고 합니다.

해설 | 제안하는 글, 선거 유세문, 연설문은 모두 주장하는 글에 속합니다.

2 글을 쓰는 순서에 맞게 기호를 쓰세요.

해설 | 제안하는 글, 주장하는 글 모두 문제 상황을 먼저 밝히고, 자신의 의견을 제시한 후 마무리를 합니다.

(1) 제안하는 글
㉠ 문제 상황　　㉡ 제안하는 까닭이나 내용
㉢ 제안이 받아들여졌을 때 나아지는 점

(㉠) → (㉡) → (㉢)

(2) 주장하는 글
㉠ 의견에 대한 까닭 제시　　㉡ 주장을 다시 한번 강조
㉢ 글을 쓰게 된 문제 상황과 글쓴이의 의견

(㉢) → (㉠) → (㉡)

쓰기가
문해력
이다

5단계

4주차 정답과 해설

동시를 이야기로 쓰기

1회

어휘깨비

장면 떠올리기 다음 동시를 읽어 보고, 장면을 떠올려 봅니다.

공부 시간

딩동댕
딩동댕
늘어지는 공부 시간
공부 시간 끝
시작하자마자 쉬는 시간 생각
"후, 심았다!"
'뭐 하고 놀까?'
살아나는 쉬는 시간
딱지치기, 사방치기, 팽이치기?
시작!
"뭐 하니?"
'앗, 들켰다!'

(tip) 이야기에서 시간은 발단 - 전개 - 절정 - 결말의 흐름을 가지고 있습니다. 발단에서는 이야기를 시작하는 배경과 인물을 설명하고, 전개에서는 사건이 일어나기 시작합니다. 절정에서는 등장인물의 갈등이 최고조로 심해지고 결말에서는 사건을 해결하고 이야기를 마무리합니다.

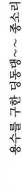

내용 정리하기 떠오르는 장면을 생각하며, 동시 '공부 시간'을 이야기의 형식에 맞춰 정리해 봅니다.

이야기의 제목은 내가 말하고자 하는 내용이 드러나게 정하되 해, 인물, 시간, 배경을 정리해 보고 나중에 붙여도 돼.

말하는 사람 내 짝을 보고 있는 나

배경 공간적 배경 - 교실 / 시간적 배경 - 공부 시간
(tip) 공부 시간이 되자 용수는 사람 안의 딱지를 만지작거립니다.

등장인물 딱지치기에 빠져 있는 나와 짝 용수, 선생님
(tip) 선생님께서 내 짝 용수를 보고는 다가온다.

사건
공부 시간 시작종이 쳐서 치던 딱지를 정리하고 책을 편다.
(tip) 이야기를 시작하고 배경과 인물을 설명한다.
공부 시간이 되자 용수는 사람 안의 딱지를 만지작거린다.
(tip) 시간이 일어나기 시작한다.
선생님께서 내 짝 용수를 보고는 다가온다.
(tip) 등장인물의 갈등이 극대화에 올라간다.
공부 시간이 끝나는 종이 울린다.
(tip) 시간을 해결하고 이야기를 마무리한다.

제목 용수를 구한 쉬는 시간 종소리

동시는 간결하고 리듬이 있는 언어로 표현한 글이지만, 이야기는 줄거리를 가지고 있는 글이에요. 이야기는 구체적인 시간과 장소라는 배경 안에서 인물들이 사건을 끌고 가지요.

이야기의 요소로는 인물, 배경, 사건이야.
사건은 발단, 전개, 절정, 결말의 흐름을 가지고 있어.

글을 써 보기 정리한 내용을 바탕으로 이야기를 써 봅니다.

용수를 구한 딩동댕~ 종소리

발단 요즘 나는 내 짝 용수와 딱지치기에 빠져 있다. 쉬는 시간만 되면 둘이서 딱지치기를 한다. 오늘도 쉬는 시간에 정신없이 딱지를 치다가 공부 시간 종이 울렸다. 주다다 공부 시간을 가방에 집어넣고 공부할 책을 폈다.

전개 한참을 지루하게 공부하고 있는데 용수가 사물함 안에 있는 딱지를 만지작거리고 있다. 아무래도 쉬는 시간에 나랑 벌인 딱지 대결을 생각하고 있는 것 같았다. 나는 용수가 선생님께 걸릴까 봐 조마조마했다.

절정 "용수야, 뭐 하니?"
드디어 올 것이 왔다. 선생님께서 용수에게 다가오신다. 책상 안에 있는 딱지를 보시려는 듯했다. 용수의 얼굴이 창백해졌다. 나는 심장이 멈출 것 같았다.
"딩동댕~"
"오늘은 여기까지. 용수야, 공부 시간에 집중을 좀 했으면 좋겠구나."
"네, 죄송해요 선생님. 딴짓 안 하고 열심히 할게요."

결말 다행이다. 쉬는 시간을 알리는 종소리가 용수를 구했다. 우리는 언제 그랬냐는 듯이 즐거운 얼굴로 딱지치기를 시작했다.

(tip) 큰따옴표를 사용해서 대화 내용을 넣으면 글이 더 생생하고 재미있습니다.

이렇게 써요

장면 떠올리기 다음 동시를 읽어 보고, 장면을 떠올려 보세요.

공부 시간

땅동땅
늘어지는 공부 시간
시작하자마자 쉬는 시간 생각

'뭐 하고 놀까?'

딱지치기, 사방치기, 팽이치기?

"뭐 하니?"
'앗, 들켰다!'

땅동땅
공부 시간 끝
"후, 살았다!"

살아나는 쉬는 시간

시작!

내용 정리하기 떠오르는 장면을 생각하며, 동시 '공부 시간'을 이야기의 형식에 맞춰 정리해 보세요.

> 이야기의 제목은 내가 말하고자 하는 내용이 드러나게 정해야 해. 인물, 사건, 배경을 정리해 보고 나중에 붙여도 돼.

말하는 사람
예 나(영웅)

배경
예 · 공간적 배경 – 교실

예 · 시간적 배경 – 공부 시간

등장인물
예 나, 선생님

사건
[발단] 예 나는 새로운 팽이치기 놀이를 만들고 싶다.

[전개] 예 공부 시간 중에 새로운 팽이 놀이가 생각나 쉬는 시간만 기다렸다.

[절정] 예 선생님께 걸려 쉬는 시간이 금지되었다.

[결말] 예 선생님께 잘못을 빌고, 쉬는 시간을 지킬 수 있었다. 친구들과도 즐겁게 놀았다.

제목
예 쉬는 시간 지키기

글로 써 보기 정리한 내용을 바탕으로 이야기를 써 보세요.

예 쉬는 시간 지키기

우리 반 친구들은 쉬는 시간 놀이에 빠져 있다. 나도 새로운 팽이치기 놀이를 만

들어 친구들과 놀고 싶었다.

그러던 어느 날, 공부 시간 중에 새로운 팽이 놀이가 생각났다. 팽이로 점프하는

놀이다. 친구들과 함께 놀이를 해 보려고 쉬는 시간만 기다렸다.

"영웅이 뭐 하니?"

앗, 선생님께 들켰다. 나는 얼굴이 빨개지고 고개도 못 들었다.

"선생님, 죄송해요. 새로운 팽이치기 놀이를 구상 중이에요."

선생님께서 화내실 것 같아서 마음을 졸였다. 마침 쉬는 시간 종이 울렸다. 다행

이라고 생각했다.

"영웅이 오늘은 쉬는 시간 금지다!"

쉬는 시간만 기다렸는데, 쉬는 시간은 지켜야 하는데…… 나는 깜짝 놀란 선생

님의 팔을 잡으며 말했다.

"선생님! 제발 쉬는 시간만은……"

그러자 선생님께서 웃으면서 말씀하셨다.

"그래, 고렇다면 용서해 주지."

"아 감사합니다. 선생님 최고예요."

내가 만든 놀이는 대히트였다. 나는 친구들과 쉬는 시간을

즐겁게 보냈다.

> 이야기의 3요소는 인물, 배경, 사건이야. 사건은 발단, 전개, 절정, 결말의 흐름을 가지고 있어.

이야기는 줄거리를 가지고 있는 글이지만 동시는 간결하고 리듬 있는 언어로 표현한 글이에요. 동시는 짧은 글에 많은 내용이 담겨 있고 비유적 표현을 많이 써요.

✏️ **글로 써 보기** '초대받지 못한 친구'를 읽고, 정리한 내용을 동시로 바꾸어 써 봅니다.

거울 같은 친구

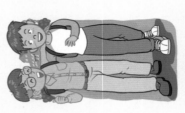

너를 보면
반짝반짝 빛나는
거울 같다.

이 놀이 좋아
나도 그래

이 선물 좋아
나도 그래

눈이 마주치면
웃음이 나온다.

> 동시는 행과 연으로 되어 있어.
> 행은 동시의 한 줄이고, 그것들이 의미 있게
> 모인 덩어리를 연이라고 해.

(tip) 친구 도진이를 중심 글감으로 친구를 거울에 빗대어 표현하였습니다. 동시 내는 말을 사용해서 생생하게 표현하였고, '나도 그래'란 말을 반복해서 동시 글감에서 중심 생각이 잘 드러나게 썼습니다.

이야기를 동시로 쓰기

✏️ **어떻게 쓸까요** 흐리게 쓴 글자를 한번 따라 써 보면 글쓰기에 도움이 됩니다.

✏️ **중심 글감 찾기** 다음 이야기를 읽고, 동시로 쓸 부분에 색칠을 해 봅니다.

초대받지 못한 친구

나랑 친했던 친구 병수가 생일 초대를 한다는 소문이 돌았다. 나에게도 생일 초대를 할 줄 알았는데, 소식이 없다. 사실 나는 소문난 성격이라 병수 말고도 친구가 없다. 병수는 우리 반 친구들과 두루두루 친하게 지내는 성격이라서 나를 친하게 생각하지 않을 수도 있다.

드디어 병수 생일이 왔다. 나는 아침 일찍 생일 선물을 들고 학교에 갔다. 그러나 하루 종일 아무 일도 없었다. 나는 처음 보는 생일 선물을 들고 있었다. 터벅터벅 교문을 나서려는데 우리 반에서 나랑은 조용한 도진이가 선물을 들고 있었다. 보아하니 나랑 같은 처지였나 보다. 나는 도진이와 눈이 마주쳤다. 나는 용기를 내어 말했다.

"도진아, 우리 같이 놀까?"

"......그럴까?"

나는 도진이와 함께 우리 집에 갔다. 성격이 비슷해서 좋아하는 놀이도 취미도 같았다. 조립 장난감으로 가득 찬 나의 책장을 보고 도진이는 나에게 선물을 내밀었다. 병수에게 줄 선물인 조립 장난감이었다.

"푸하하! 나도 선물 줄게."

병수에게 줄 생일 선물이었지만 도진이에게 내밀었다. 또 다른 조립 장난감이었다. 우리 둘은 서로의 선물을 교환하여 열심히 조립하였다. 그리고 그때부터 도진이와 정말 친한 친구가 되었다.

✏️ **내용 정리하기** 동시로 표현하고 싶은 부분을 찾아 정리해 봅니다.

주제 (중심 생각)	→ 친구에게 초대받지 못해도 실망하지 말자. 더 좋은 친구가 있다.
제재 (중심 글감)	→ 더 좋은 친구 (tip) '도진이'를 중심 글감으로 동시를 지어 봅니다.
표현하고 싶은 부분	→ 생일에 초대받지 못했지만, 더 좋은 친구를 사귀었다.

> 비슷한 말을 어떻게 반복하지 생각해 보고
> 동시 내는 말이나 빗대어 표현한 말을 넣어
> 쓰면 동시의 내용이 더 생생하게 느껴져.

이해력 쓰기 계획

중심 글감 찾기 다음 이야기를 읽고, 동시로 쓸 부분에 색칠을 해 보세요.

초대받지 못한 친구

나랑 친했던 친구 병수가 생일 초대를 한다는 소문이 돌았다. 나에게도 생일 초대를 한 줄 알았는데, 소식이 없다. 사실 나는 소심한 성격이라 병수 말고도 친구가 없다. 병수는 우리 반 친구들과 두루두루 친하게 지내는 성격이라 나를 친하다고 생각하지 않을 수도 있다.

드디어 병수 생일날이 왔다. 나는 아침 일찍 생일 선물을 들고 학교에 갔다. 그러나 하루 종일 아무 일도 없었다. 병수는 아무 말도 하지 않았다.

틀림없었다. 보아하니 나랑 같은 처지였나 보다. 나는 도진이와 눈이 마주쳤다. 도진이도 나도 서로의 마음을 이해하듯 미소를 지었다. 갑자기 도진이가 친하게 느껴졌다. 나는 용기를 내어 말했다.

"도진아, 우리 같이 놀래?"

"……, 그럴까?"

나는 도진이와 함께 우리 집에 갔다. 성격이 비슷해서 좋아하는 놀이도 취미도 같았다. 조립 장난감으로 가득 찬 나의 책장을 보고 도진이는 나에게 선물을 내밀었다. 병수에게 줄 선물인 줄 알고 있었지만 나에게 주어서 펼쳐 보았다. 조립 장난감이 있다.

"우하하! 나도 선물 줄게."

병수에게 줄 생일 선물이었지만 도진이에게 내밀었다. 또 다른 조립 장난감이었다. 우리 둘은 서로의 선물을 교환하여 열심히 조립했다. 그리고 그때부터 도진이와 정말 친한 친구가 되었다.

내용 정리하기 동시로 표현하고 싶은 부분을 찾아 정리해 보세요.

주제 (중심 생각) → (예) 친구에게 초대받지 못해 실망한 나에게 새로운 친구가 생겼다.

제재 (글감 등장) → (예) 새 친구와의 만남

표현하고 싶은 중심 장면 → (예) 생일에 초대받지 못해 실망한 나, 새로운 친구와의 만남

글로 써 보기 '초대받지 못한 친구'를 읽고, 정리한 내용으로 동시를 써 보세요.

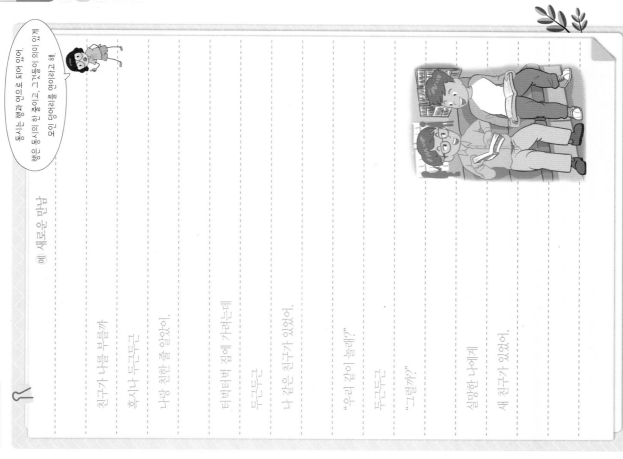

동시는 행과 연이 있어. 행은 동시의 한 줄이고, 그것들이 모여 의미 있게 한 덩어리를 이어지는 연이라고 해.

(예) 새로운 만남

친구가 나를 부를까
혹시나 두근두근
나랑 친한 줄 알았어.

티버티벅 집에 가려는데
두근두근
나 같은 친구가 있었어.

"우리 같이 놀래?"
두근두근
"그럴까?"

실망한 나에게
새 친구가 있었어.

비슷한 마음을 어떻게 반복할지 생각해 보고
흉내 내는 말이나 비유하는 표현도 넣어
쓰면 동시의 내용이 더 생생하게 느껴져.

동화를 극본으로 쓰기

어떻게 쓸까요

⭐ 흐리게 쓴 글자를 한번 따라 써 보면 글쓰기에 도움이 됩니다.

구성 표시하기 다음 동화를 읽고, 극본에 필요한 시간, 장소, 인물에 색칠을 해 봅니다.

삼년고개

옛날 어느 마을에 '삼년고개'라는 고개가 있었어요. 이 고개에서 넘어지면 삼 년밖에 못 살고 죽는다고 해서 삼년고개지요.

어느 날, 할아버지 한 분이 조심조심 삼년고개를 지나려다, 그만 돌에 걸려 넘어지고 말았어요.

"이이구, 넘어졌네. 이를 어째나. 내가 이제 삼 년밖에 못 산다니, 아이고 어쩔해."

집으로 돌아온 할아버지는 그날부터 끙끙 앓아눕기 시작했어요.

"아이고, 영감. 이를 어째요? 아이고, 아이고."

할머니는 어찌할 바를 몰라 울고 있었어요. 그때 손자가

"할아버지, 그럼 삼년고개에서 두 번 넘어지면 육 년 사는 건가요?"

"이이구, 영감! 삼년고개에서 계속 넘어지면 앞으로 오래오래 살 수 있었어요. 그때 손자가 갑시다."

할아버지는 삼년고개로 서둘러 갔어요.

"육 년이요, 구 년이요, 십 이년이요, 오래오래 살았답니다."

할아버지는 계속 넘어졌고......

 극본은 배우의 동작이나 대사, 무대에 대한 설명 등이 구체적으로 적혀 있어. 때, 곳, 나오는 사람들을 먼저 생각해내 보고 해설과 대사, 지문을 극본에서 써 봐.

내용 정리하기 동화를 극본으로 바꾸기 위한 내용을 정리해 봅니다.

때(시간)	→ 옛날
곳(장소)	→ 어느 마을
등장인물	→ 할아버지, 할머니, 손자
극본으로 바꾸기의 본보기	→ 할아버지: (주저앉아 땅을 치며 울먹이는 소리로) 아이구, 넘어졌네. 이를 어째나. 내가 이제 삼 년밖에 못 산다니, 아이고 어쩔해.

⭐ 동화는 이야기를 들려주기 위해 쓴 글이지만 극본은 무대에서 공연하기 위하여 쓴 글이에요. 극본의 3요소는 해설, 지문, 대사예요.

해설은 때, 곳, 나오는 사람들, 무대를 설명하는 부분이고, 지문은 인물의 행동을 지시하는 부분이며, 대사는 인물의 말이에요.

글로 써 보기

동화 '삼년고개'를 극본으로 바꾸어 써 봅니다.

삼년고개

해설
때: 옛날
곳: 삼년고개 앞, 할아버지 집
등장인물: 할아버지, 할머니, 손자

(대사·지문)

불이 켜지면 고개 앞에 '삼년고개'라고 쓰여 있다. 할아버지가 이 고개를 지나가다가 돌에 걸려 넘어진다.

할아버지: (주저앉아 땅을 치며 울먹이는 소리로) 아이구, 넘어졌네. 이를 어째나. 내가 삼 년밖에 못 산다니, 아이고 어쩔해.

할아버지가 누워 있고, 할머니와 손자는 걱정스러운 얼굴로 앉아 있다.

할머니: (울면서) 아이고, 영감! 이를 어째요? 아이고, 아이고.

손자: (궁금한 표정으로) 할아버지, 그럼 삼년고개에서 두 번 넘어지면 육 년 사는 건가요?

할아버지: (깜짝 놀라며) 아이고, 영감! 삼년고개에서 계속 넘어지면 앞으로 오래오래 살 수 있었어요. 어서 삼년고개로 갑시다.

할아버지와 할머니, 손자가 삼년고개 앞에 서 있다.

할아버지: (삼년고개에서 계속 넘어지며) 육 년이요, 구 년이요, 십 이년이요. 오래오래 살겠구나.

할아버지, 할머니, 손자가 모두 기뻐하는 모습을 마지막으로 무대의 불이 꺼진다.

(tip) 지문은 괄호 안에 넣어 행동과 말투를 지시하고, 대응하는 큰따옴표 안의 말을 써넣으면 됩니다.

어휘로 써먹기

구성 표시하기 다음 동화를 읽고, 극본에 필요한 시간, 장소, 인물에 색칠을 해 보세요.

호랑이와 곶감

옛날 어느 깊은 산속에 호랑이가 살았어요. 어느 날 호랑이는 먹이를 찾으러 마을까지 내려왔어요. 이슥한 이슥한 마을을 돌아다니는데 아기 우는 소리가 들렸어요.

"아기야, 울지 마라. 울면 호랑이가 나타난다. 아이고, 무서워라."

호랑이는 이야기를 듣고 엄마의 말을 듣고 깜짝 놀랐어요.

'내가 온 걸 어떻게 알았지?'

아기가 울음을 그치지 않자, 호랑이는 생각했어요.

'아니, 내가 온다고 해도 울음을 그치지 않다니, 겁이 없는 아이로군.'

"아기야, 울지 마라. 호랑이 말고, 곶감 줄게 울지 마라."

"응에, 응에, 응……."

아기가 곶감을 순간는 엄마의 말에 신기하게 울음을 그치기 시작했어요.

'곶감? 아이쿠, 곶감이 뭐지? 나보다 무서운 동물인가?'

그때 도둑이 담을 넘다가 그만 곶감 등에 앉았어요. 호랑이는 깜짝 놀라 달라 달리기 시작했지요.

"헉, 곶감인가 보다. 내 등에 달라붙었어! 아이고 무서워라!"

담을 넘던 도둑은 깜짝 놀랐어요.

"호랑이가 날 잡아간다! 이름 어째나!"

호랑이는 도둑을 태우고 숲 쪽으로 달아났어요. 도둑은 살아남기 위해 있는 힘을 다해 호랑이 등에서 굴러 떨어졌어요.

극본은 배우의 동작이나 대사, 무대에 대한 설명이 구체적으로 적혀 있어. 때, 곳, 나오는 사람들을 먼저 생각해 보고 해설과 대사, 지문을 구분해서 써 봐.

내용 정리하기 동화를 극본으로 바꾸기 위한 내용을 정리해 보세요.

때(시간)	예) 옛날
곳(장소)	예) 아기의 집 집, 마을 근처의 숲
등장인물	예) 호랑이, 엄마, 아기, 도둑
극본으로 써줄거야의 흐름보기	예) 엄마: (아이를 안고 달래며) 아기야, 울지 마라. 울면 호랑이가 나타난다. 아이고, 무서워라.

글로 써보기 동화 '호랑이와 곶감'을 극본으로 바꾸어 써 보세요.

예) **호랑이와 곶감**

때: 옛날

곳: 아기의 집, 마을 근처의 숲

등장인물: 호랑이, 엄마, 아기, 도둑

호랑이가 아기의 집 앞으로 어슬렁어슬렁 등장하고, 아기의 울음소리가 들린다.

엄마: (아이를 안고 달래며) 아기야, 울지 마라. 울면 호랑이가 나타난다. 아이고, 무서워라.

아기: (큰 소리로) 응에, 응에.

호랑이: (당황하는 표정으로) 아니, 내가 온다고 해도 울음을 그치지 않다니. 겁이 없는 아이로군.

엄마: (아이를 안고 달래며) 아기야, 울지 마라. 호랑이 말고, 곶감 줄게 울지 마라.

아기: (울음을 조금씩 그치며) 응에, 응에, 응…….

호랑이: 곶감? 아이쿠. 곶감이 뭐지? 나보다 무서운 동물인가?

이때 도둑이 담을 넘다가 그만 호랑이 등에 올라탄다.

호랑이: (깜짝 놀라서 달리며) 헉, 곶감인가 봐. 아이고 무서워라!

도둑: (깜짝 놀라며 호랑이 등을 잡고) 호랑이가 날 잡아간다! 이름 어째나!

호랑이는 도둑을 태우고 숲 쪽으로 달아난다. 도둑은 깜짝 놀라 호랑이 등에서 굴러떨어진다.

94 쓰기가 문해력이다

5단계 4주차 - 동화를 극본으로 쓰기 95

5단계 4주차 **43** 정답과 해설

극본은 무대에서 공연하기 위해 쓴 글이지만 동화는 어린이에게 들려주기 위하여 어린이의 마음을 바탕으로 지은 작은 이야기예요. 동화는 대체로 표준어로 된 내용으로 되어 있어요.

> 장면이 바뀌는 경우, 시간을 나타내는 말을 써 줘. 극본에 생략되어 있는 내용은 상상력을 발휘해서 넣어 주면 좋아.

극본 황금알을 낳는 거위를 동화로 바꾸어 써 봅니다.

글로 써 보기

황금알을 낳는 거위

옛날 어느 마을에 가난한 농부 부부가 살았어요. 부부는 농사를 지어 장에 내다 팔아 번 돈으로 겨우 살아가고 있었어요.

어느 날 농부는 장에서 닭을 팔아오는 길에 거위 장수를 보았어요.

"거위 사세요. 거위 사세요. 아주 신기한 거위랍니다."

농부는 거위 장수의 큰 목소리를 듣고 아주 신기한 거위가 궁금했어요. 그래서 한 마리를 사서 집으로 돌아왔지요.

그런데 신기한 일이 일어났어요. 거위가 황금알을 낳은 거예요. 거위는 날마다 황금알을 한 알씩을 낳았어요.

"이게 진짜 황금알 맞아요?"

"맞아! 날마다 한 알씩 황금알을 낳다니! 우리는 부자가 되겠어!"

가난한 농부 부부는 황금알을 신기하게 쳐다보며 기뻐했어요. 농부는 황금알을 팔아서 큰 부자가 되었어요.

그러던 어느 날이었어요. 큰 부자가 된 농부 부부는 갑자기 욕심이 생겼어요.

"날마다 한 알의 황금알. 한꺼번에 여러 개를 낳으면 좋으련만."

"거위의 배 안에는 얼마나 많은 황금알이 들어 있을까요?"

농부의 아내가 던진 말에 농부는 고민했어요.

"거위의 배를 가르면 황금알을 한꺼번에 가질 수 있지 않을까?"

부부는 욕심에 눈이 어두워 거위의 배를 갈랐어요. 그런데 거위의 배에는 아무것도 들어 있지 않았어요. 거위가 죽자 부부는 황금알을 더 이상 얻지 못했어요.

"아이고, 너무 욕심을 부렸네. 이까짓 내 황금알."

부부는 울며 후회했지만 이미 늦어 버렸답니다.

극본을 동화로 바꾸기

4회

어떻게 쓸까요?

> 흐리게 쓴 글자를 한번 따라 써 보면 글쓰기에 도움이 됩니다.

극본을 읽으면서 이야기로 바꾸어 쓸 해설과 대화 부분에 색칠해 봅니다.

황금알을 낳는 거위

나오는 사람들: 농부, 농부의 부인, 거위 장수

때: 옛날   곳: 농부의 집

구성 표시하기

농부네 장에 돌아오다가 거위 장수를 보고 멈추어 선다.

거위 장수: (큰 소리로) 거위 사세요. 거위 사세요. 아주 신기한 거위랍니다.

농부: (궁금한 듯이) 신기한 거위요? 한 마리 주세요.

거위 앞에 부부가 서 있다. 부인은 황금알을 듣고, 농부는 황금알 바구니를 듣고 있다.

부인: (놀란 듯이 황금알을 이리저리 보며) 이게 진짜 황금알 맞아?

농부: (황금알 바구니를 듣고 기뻐하며) 황금알 맞아요! 날마다 한 알씩 황금알이에요! 우리는 부자가 되겠어!

부자가 된 농부의 집. 부부가 거위를 보고 있다.

농부: (정그린 표정으로) 날마다 한 알이 욕심. 한꺼번에 여러 개를 낳으면 좋으련만.

부인: (궁금한 표정으로) 거위의 배 안에는 얼마나 많은 황금알이 들어 있을까요?

농부: (고민하는 모습으로) 거위의 배를 가르면 황금알을 한꺼번에 가질 수 있지 않을까?

부인: (통곡하며) 아이고, 너무 욕심을 부렸네. 이까짓 내 황금알.

내용 정리하기

동화를 극본으로 바꾸기 위한 내용을 정리해 봅니다.

옛날 어느 마을에 가난한 농부 부부가 살았어요.

거위 장수: (큰 소리로) 거위 사세요. 거위 사세요. 아주 신기한 거위랍니다.

농부: (궁금한 듯이) 신기한 거위요? 한 마리 주세요.

> 극본을 동화로 바꿀 때 해설 안의 내용은 이야기로 표현하고, 대사와 지문은 대화나 이야기의 상황으로 표현할 수 있어.

"거위 사세요. 거위 사세요. 아주 신기한 거위랍니다."

농부는 거위 장수의 큰 목소리를 듣고 진짜 신기한 거위가 궁금했어요. 그래서 한 마리를 사서 집으로 돌아왔지요.

해설 부분 바꿔 보기

대사 부분 바꾸어 쓰기 문제보기

글쓰기 보기

극본 '구둣방 할아버지와 요정'의 마련서 부분을 동화로 바꾸어 써 쓰세요.

(예) 구둣방 할아버지와 요정

옛날 어느 마을에 가난하지만 마음이 착한 구둣방 할아버지와 할머니가 살았어요.

할아버지는 구두를 한 결레만 만들 수 있는 가죽을 가지고 있었어요.

다음 날 아침이 되어 구둣방에 나온 할아버지는 깜짝 놀랐어요. 누군가가 멋진 구두를 만들어 놓았어요.

구두를 만들어 놓기 때문이에요.

"대체 누군가? 구두를 정말 멋지게 만들었네."

그때 구둣방 앞을 지나가던 신사가 구두를 보더니 안으로 들어왔어요. 구두는 신사에

게 꼭 맞았어요. 신사는 기분이 좋아서 돈을 많이 내고 구두를 사 갔습니다. 할아버지는

너무 기쁘고 고마웠어요. 할아버지는 구두를 판 돈으로 가죽을 많이 샀어요.

이렇게 신기한 일은 매일 계속되었어요. 할아버지의 구둣방은 사람들에게 인

기가 많아졌어요.

할아버지와 할머니는 누가 멋진 구두를 만들었는지 궁금해서, 한밤중에 몰래 지켜

봤어요.

"이번에는 어떤 구두를 만들까?"

"앗이 뾰족한 구두가 좋을 것 같아."

할아버지와 할머니는 작은 난쟁이 요정들을 보고 깜짝 놀랐어요.

> (말풍선) 장면이 바뀌는 경우, 시간을 나타내는
> 말을 써 주고 그때에 생각되어 있는 내용을 추가
> 해서 넣어 주면 좋아.

이해 깨쳐보기

극본을 읽으면서 이야기로 바꾸어 쓸 해설과 대화 부분을 색칠해 보세요.

구둣방 할아버지와 요정

때: 옛날   곳: 어느 마을의 구둣방

나오는 사람들: 할아버지, 할머니, 신사, 난쟁이 요정 1, 난쟁이 요정 2

가난하고 허름한 구둣방 안 탁자 위에 멋진 가죽 구두가 놓여 있다. 할아버지가 그 앞에 서 있다.

할아버지: (가족 구두를 이리저리 보며, 놀란 표정으로) 대체 누군가? 마지막 가죽으로 구두를 정말

멋지게 만들었네. 꼼꼼하고 단단하기도 해라.

신사: (지나가다 구두를 보고 들어오며) 신어 보시고 맞으면 그렇게 하시오.

할아버지: (구두를 들어 보이며) 신어 보시지요.

신사: (신발을 신고, 만족스러운 표정으로) 나에게 딱 맞는구나. 구두값이 크게 지불하겠소.

할아버지: (기뻐하며) 감사합니다. 새로운 가죽을 사서 구두를 더 많이 만들 수 있게 되었어!

붙이 꺼지고 다시 켜진다.

할아버지: (새로운 구두를 들고 기분 좋은 표정으로) 이번에도 누가 멋진 구두를 만들었는지 궁금해서, 할아버지는

이렇게 고마운 사람이 누구인지 알고 싶구나.

할머니: (고개를 끄덕이며) 그래요. 고마운 사람이 누구인지 오늘 밤에 지켜 보아요.

할아버지와 할머니가 퇴장한다. 붙이 꺼지고 다시 붙이 켜질 것이다. 탁자 위에 가위와 실, 가죽이 붙여

있고, 요정 2명이 있다.

요정1: (가위로 가죽을 자르며) 이번에는 어떤 구두를 만들까?

요정2: (실을 들며) 앗이 뾰족한 구두가 좋을 것 같아.

할아버지, 할머니: (할아버지와 할머니는 깜짝 놀란 표정을 짓는다.)

> (말풍선) 극본을 동화로 바꿀 때 해설의 내용은
> 이야기로 표현하고, 대사와 지문은 대화나
> 이야기의 상황으로 표현할 수 있어.

내용 정리하기

동화를 극본으로 바꾸기 위한 내용을 정리해 봅니다.

→ (예) 옛날 어느 마을에 가난하지만 마음이 착한 구둣방 할아버지와 할머니가 살았어요.

→ (예) 할아버지: (가족 구두를 이리저리 보며, 놀란 표정으로) 대체 누군가? 마지막 가죽으로 구두를 정말

멋지었네. 꼼꼼하고 단단하기도 해라.

신사: (지나가다 구두를 보고 들어와) 이렇게 멋진 구두는 처음 봅니다. 이 구두를 사고 싶습니다.

(예) 대체 누군가? 구두를 정말 멋지게 만들었네. 꼼꼼하고 단단하기도 해라.

> 일기를 쓸 때에는 일어난 일에 대한 생각이나 느낌도 자세히 써 주면 좋아.

● 일기는 하루 중 겪은 일을 일을 중심으로 생각과 느낌을 정리하는 개인의 기록이에요. 일기는 하루에 있었던 일을 모두 쓰는 것이 아니라, 기억에 남는 일을 중심으로 일어난 일과 느낀 점을 써야 해요.

글을 써 보기 정리한 내용을 바탕으로 이야기 형식의 일기를 써 봅니다.

더우면서 신선한 날

날짜, 요일	20○○년 9월 8일 수요일
제목	무서운 꿈

발단 자면서 꿈을 꾸었다. 아주 무서운 꿈이었다. 식은땀을 많이 흘렸다. 꿈을 계속 꾸어서 이어져서 줄거리로 없다. 그냥 기분이 이상했다. 잠이 잘 깨지도 않아서 늦잠을 자 버렸다.

전개 학교에 지각할까 봐 서둘러 준비를 했다. 시간이 너무 촉박해서 학교까지 막 뛰어갔다. 꿈 때문에 하루가 엉망이 될 것 같았다.
'안 좋은 꿈일까? 이상한 일이 일어날까?'
공부 시간에는 아무 일도 일어나지 않았다. 쉬는 시간이 되어서야 친구와 재미있는 이야기를 하다가 갑자기 꿈이 생각났다.
"나 오늘 이상한 꿈을 꾸어서 늦잠 잤어."
"무슨 꿈인데?"
"기억도 안 나. 그냥 무서운 기분이 들어. 안 좋은 일이 생기는 건 아니겠지?"

절정 그때 갑자기 사이렌 소리가 들렸다. 나는 깜짝 놀랐다.
"어? 이 소리는 학교 소방 시설을 점검하는 소리예요. 놀라지 마세요."
선생님께서 말씀하셨다. 나는 안도의 한숨을 내쉬었다.
"나도 그런 적 있는데 아무 일도 없더라. 키 크는 꿈일 거야! 엄마가 그랬어."
현지는 놀란 나의 마음을 아는 듯 말했다. 현지의 말을 들으니 마음이 좀 편해졌다.

결말 꿈 때문에 긴장했지만, 오늘 하루 아무 일이 없어서 다행이었다.

생각이나 느낌 정말 현지의 말대로 키 크는 꿈이었으면 좋겠다.

이야기 형식으로 일기 쓰기

어떻게 쓸까요
✿ 2단계에 쓴 글자를 한번 따라 써 보면 글쓰기에 도움이 됩니다.

내용 떠올리기 일기 쓰기를 위해 오늘 하루에 있었던 일을 떠올려 봅니다.

- 아침에 무서운 꿈을 꾸었다.
- 학교에 지각할 뻔하였다.

- 학교 소방 시설 점검 때 사이렌이 울렸다.
- 쉬는 시간에 친구와 꿈 이야기를 하였다.

- 저녁을 맛있게 먹었다.
- 숙제를 하였다.

> 하루에 있었던 일 중에 가장 기억에 남는 일을 줄거리으로 골라 보는 것이 좋아.

내용 정리하기 떠올린 일 중 가장 기억에 남는 일을 골라 이야기의 형식으로 정리해 봅니다.

글감	아침에 꾼 무서운 꿈
배경	집과 학교
등장인물	나, 친구
사건 — **발단**	아침에 무서운 꿈을 꾸어서 늦잠을 잤다.
전개	친구와 꿈 이야기를 나누었다.
절정	갑자기 사이렌 소리가 들렸다. 소방 시설 점검이라고 하였다.
결말	하루를 아무 일 없이 지냈다.
생각이나 느낌	꿈 때문에 긴장했지만 아무 일이 없어서 다행이었다.

이야기 써 보기

내용 떠올리기
일기 쓰기를 위해 오늘 하루에 있었던 일을 떠올려 보세요.

- 예) · 아침을 먹음.
  · 책을 읽음.

- 예) · 엄마가 요리를 해 보라고 함.
  · 검색을 해서 김치볶음밥을 요리함.

- 예) · 저녁을 맛있게 먹었음.
  · 숙제를 하였음.

> 하루에 이어던 일 중에 가장 기억에 남는 일을 중심으로 고르면 좋아.

내용 정리하기
떠올린 일 중 가장 기억에 남은 일을 골라 이야기 형식으로 정리해 보세요.

글감	예) 내가 한 요리
배경	예) 집
등장인물	예) 나, 엄마
사건 · 발단	예) 아침에 밥을 먹고 나서 또 배가 고팠다.
사건 · 전개	예) 엄마가 나에게 요리를 해 보라고 해서 김치볶음밥을 했다.
사건 · 절정	예) 볶음 쓰는 것이 무서워서 놀랐지만, 엄마가 도와주셨다.
사건 · 결말	예) 온 가족이 먹고 다들 맛있다고 칭찬했다.
생각이나 느낌	예) 볶음 다루는 게 좀 무서웠지만 재미있었다. 요리사가 된 기분이었다.

글로 써 보기
정리한 내용을 바탕으로 이야기 형식의 일기를 써 보세요.

날짜와 날씨 2000년 9월 11일 토요일 가을바람 선선

제목 (예) 나의 요리 솜씨

아침을 간단히 먹고 나서 책을 읽고 있는데, 또 배가 고팠다.

"엄마, 점심은 뭐 먹어요?"

"글쎄, 뭘 먹으면 좋을까? 네가 요리하는 건 어때?"

엄마의 말씀을 듣고, 갑자기 요리가 궁금해졌다. 나는 여기저기 인터넷을 검색해서 요리하는 것을 보았는데 김치볶음밥이 만만해 보였다.

"좋아요! 오늘 점심은 김치볶음밥 도전!"

김치를 썰었는데 빨개서 이상했다. 비닐장갑을 끼고 자주 썰었다. 김치볶음밥에 넣을 양파도 썰었다. 생각보다 힘 들었다.

그런데 볶음 쓰는 건 무서웠다. 김치와 양파를 볶는데 세 붙어서 김칫국물이 감자구름의 뒤 있다. 나는 깜짝 놀랐다.

"괜찮아, 볶음 좀 줄여 줄까?"

엄마께서 볶음는 걸 도와주셨다. 맛있는 냄새가 나기 시작했다.

김자가 다 익은 후에 밥을 넣어서 부었다. 맛음직스러운 김치볶음밥이 되었다.

온 가족이 모여서 나의 김치볶음밥을 먹었다. 다들 맛있다고 칭찬했다.

볶음 다루는 게 좀 무서웠지만 정말 재미있었다. 내가 요리사가 된 기분이었다.

> 일기를 쓸 때에는 일어난 일에 대한 생각이나 느낌도 자세히 써 주면 좋아.

참 잘했어요

문학 작품의 형식에 대한 설명으로 옳은 것에 O표 하고, 그림에서 틀린 부분을 찾아 보세요.

힌트: 옳은 설명의 개수만큼 틀린 그림이 숨어 있습니다.

틀린 그림찾기

동시는 가지런하고 리듬이 느껴지는 언어로 표현한 글이야.

극본이 있으려는 해설, 지문, 대사야.

그림은 무대에서 공연하기 위해 쓰는 글이야.

이야기의 3요소는 인물, 사건, 배경이야.

아하~ 알았어요

1 다음 빈칸에 들어갈 알맞은 말을 보기 에서 찾아 쓰세요.

보기: 연   배경   지문   일기

(1) 이야기에는 인물, [배경], 사건의 요소가 들어 있습니다.

(2) 동시는 행과 [연] 으로 되어 있습니다. 행은 동시의 한 줄이고, 그것들이 의미 있게 모인 덩어리를 [연](이)라고 합니다.

(3) 극본에는 해설, [지문], 대사가 있습니다. 해설은 때, 곳, 나오는 사람들, 무대를 설명하는 부분이고, [지문]은/는 인물의 행동을 지시하는 부분이며, 대사는 인물이 말입니다.

(4) [일기]은/는 하루에 있었던 일을 모두 쓰는 것이 아니라, 기억에 남는 일을 중심으로 일어난 일과 느낀 일과 점을 씁니다.

해설 | 이야기는 '인물, 사건, 배경'의 구성 요소입니다. 동시는 '행과 연'으로 구성됩니다.

2 다음은 어떤 형식의 글인지 보기 에서 찾아 쓰세요.

보기: 동시   극본   일기   이야기

(1) 호랑이는 아이를 달래는 엄마의 말을 듣고 깜짝 놀랐어요.
'내가 온 길 어떻게 알았지?'
"응애, 응애."
아기가 울음을 그치지 않자, 호랑이는 생각했어요.

(이야기)

(2) 너를 보면
반짝반짝 빛나는
이 책 좋아
나도 그래
자꾸 (동시)

(3) 부인: (놀란 듯이 황금알을 이리저리 보며) 이게 진짜 황금알 맞아요?
농부: (황금알을 바구니를 들고 기뻐하며) 황금알 맞아요! 날마다 한 알씩 황금알이라니!

(극본)

해설 | 극본은 무대에서의 공연을 위한 글입니다.

해설 | 설명이 내 셋 모두 옳게 말했습니다. 말이 머리를 낮고, 양의 발이 두 개씩이며 발 모양이 바뀐 것이 틀렸습니다. 말의 꼬리가 흐릿이 꼬리이고 수북이 나무에 달린 꽃이 틀린 그림입니다.

정답과 해설

무엇을 쓸까요 ❓	학습 계획일에 맞춰 꾸준히 글쓰기를 했나요 ❓		스스로 칭찬하는 말, 격려의 말 한마디를 써 봅니다 ❗
월 일 **1**회 제안하는 글쓰기			
어떻게 쓸까요	☺ ◯	😐 ◯	
이렇게 써 봐요	☺ ◯	😐 ◯	
월 일 **2**회 주장하는 글쓰기 1			
어떻게 쓸까요	☺ ◯	😐 ◯	
이렇게 써 봐요	☺ ◯	😐 ◯	
월 일 **3**회 주장하는 글쓰기 2			
어떻게 쓸까요	☺ ◯	😐 ◯	
이렇게 써 봐요	☺ ◯	😐 ◯	
월 일 **4**회 선거 유세문 쓰기			
어떻게 쓸까요	☺ ◯	😐 ◯	
이렇게 써 봐요	☺ ◯	😐 ◯	
월 일 **5**회 연설문 쓰기			
어떻게 쓸까요	☺ ◯	😐 ◯	
이렇게 써 봐요	☺ ◯	😐 ◯	

아하~ 알았어요!　☺ 예　😐 아니요　　참~ 잘했어요!　☺ 예　😐 아니요

무엇을 쓸까요 ❓	학습 계획일에 맞춰 꾸준히 글쓰기를 했나요 ❓		스스로 칭찬하는 말, 격려의 말 한마디를 써 봅니다 ❗
월 일 **1**회 동시를 이야기로 쓰기			
어떻게 쓸까요	☺ ◯	😐 ◯	
이렇게 써 봐요	☺ ◯	😐 ◯	
월 일 **2**회 이야기를 동시로 쓰기			
어떻게 쓸까요	☺ ◯	😐 ◯	
이렇게 써 봐요	☺ ◯	😐 ◯	
월 일 **3**회 동화를 극본으로 쓰기			
어떻게 쓸까요	☺ ◯	😐 ◯	
이렇게 써 봐요	☺ ◯	😐 ◯	
월 일 **4**회 극본을 동화로 쓰기			
어떻게 쓸까요	☺ ◯	😐 ◯	
이렇게 써 봐요	☺ ◯	😐 ◯	
월 일 **5**회 이야기 형식으로 일기 쓰기			
어떻게 쓸까요	☺ ◯	😐 ◯	
이렇게 써 봐요	☺ ◯	😐 ◯	

아하~ 알았어요!　☺ 예　😐 아니요　　참~ 잘했어요!　☺ 예　😐 아니요

3주차 의견을 나타내는 글

친구들이 그리스 신전 앞에서 철학자를 만나 토론을 하나 봐요. 친구들마다 생각이 다르지요? 다른 의견을 가진 친구를 설득하려면 왜 나의 생각이 옳은지 그렇게 생각하는 근거를 들어 자신의 주장을 펼쳐야 한다고 알려 줄까요?

1회 제안하는 글쓰기
제안하는 글은 문제 상황과 문제 해결 방안을 여러 사람에게 알려 더 좋은 쪽으로 문제를 해결하기 위하여 쓰는 글이에요.

2회 주장하는 글쓰기 1
주장하는 글은 어떤 주제에 대한 자기의 생각이나 주장을 내세워 다른 사람을 설득하는 글이에요.

3회 주장하는 글쓰기 2
원인과 결과를 들어 주장하는 글에서 원인은 어떤 사물 또는 상태를 변화시키거나 일으키게 하는 일이나 사건이에요. 결과는 이러한 원인의 결말이에요.

4회 선거 유세문 쓰기
일정한 집단의 대표자를 뽑는 선거에서 자기주장을 널리 알리는 연설을 위하여 쓴 글은 선거 유세문이에요.

5회 연설문 쓰기
연설을 하기 위해 쓴 글을 '연설문'이라고 해요. 연설문은 공식적인 말하기이므로 높임 표현을 써야 해요.

4주차 형식을 바꾸어 쓴 글

친구들이 자신들이 읽은 동화책 내용으로 연극을 꾸며 보여 주고 있나 봐요! 동화책을 동시로 쓰기도 하고, 동시를 이야기로 쓰기도 하고, 또 노래로 만들기도 한다면 문학 작품을 더 감동 깊게 느낄 수 있을 거 같지요?

1회 동시를 이야기로 쓰기
이야기는 일정한 배경 안에서 인물들이 사건을 끌고 가지요.

2회 이야기를 동시로 쓰기
이야기는 줄거리를 가지고 있는 글이지만 동시는 간결하고 리듬 있는 언어로 표현한 글이에요.

3회 동화를 극본으로 쓰기
극본은 무대 상연을 위하여 쓴 글이에요. 극본의 3요소는 해설, 지문, 대사예요.

4회 극본을 동화로 쓰기
동화는 어린이에게 들려주기 위하여 어린이의 마음을 바탕으로 지은 이야기예요.

5회 이야기 형식으로 일기 쓰기
일기는 하루에 있었던 일을 모두 쓰는 것이 아니라, 기억에 남는 일을 중심으로 일어난 일과 느낀 점을 써야 해요.